Thessaloníki – Hauptstadt der Lebensfreude

Irgendwie hat sich Thessaloníki daran gewöhnt, immer die zweite Geige zu spielen. Ob im Schatten von Konstantinopel (Istanbul) oder Athen, die Stadt am Thermaischen Golf konnte stets als Gegenpol zu diesen Metropolen punkten. Baulich spiegelt sie ihre multikulturelle Vergangenheit wider, doch durch die vielen Studenten sprüht sie gleichzeitig vor jugendlichem Flair und innovativem Charme. Sie verfügt über eine eindrucksvolle Kunstszene mitsamt eigener Biennale (s. S. 93), vielen Galerien (s. S. 71) und einer blühenden Street-Art-Szene (s. S. 71). In puncto Gastronomie und Nightlife ist sie ein Kleinod mit alteingesessenen Adressen, aber auch neuen Locations wie dem ehemaligen Viertel der Gewürzhändler, Áno Ladádika 14, das sich mittlerweile zu einem Hotspot für Nachteulen gemausert hat.

Weitestgehend unbekannt ist, dass Griechenlands zweitgrößte Metropole seit wenigen Jahren Heimat einiger Modelabels ist, die auch über die Landesgrenzen hinaus Furore machen (s. S. 86).

Doch was macht Thessaloníki neben Kultur, Kulinarik und Shoppinglaune sonst noch aus? Natürlich die ungebrochene Lebensfreude seiner Einwohner! Stark gebeutelt zunächst durch die Schuldenkrise 2010, als nächstes durch die Coronapandemie und dann den Krieg in der Ukraine haben es die Bewohner der Stadt wahrhaftig nicht leicht. Und doch nehmen sie den schwierigen Alltag mit einem Augenzwinkern. Ob auf einen Ouzo in die Taverne ums Eck oder auf ein Dosenbier zu einer spontanen Party, z. B. um den Trigónios-Turm (s. S. 50), vor der Agía Sofía 9 oder auf der Platía Navarínou (s. S. 34) – man versteht es hier, das Leben zu zelebrieren.

Der Autor

Daniel Krasa wurde 1976 in Wien geboren, verbrachte aber einen Großteil seines Lebens „auf Achse“, z. B. im Nahen Osten, in Südamerika, Indien, Südostasien, aber auch im mediterranen Europa. In Thessaloníki verliebt hat er sich während einer Konferenz im Jahr 2016 und sogleich beschlossen, die Stadt in seinen ganz privaten Orbit mitaufzunehmen. Besonders reizen ihn hier v. a. die vielen Gegensätze und die erstaunlich flexible und lebensbejahende Mentalität, mit der die örtliche Bevölkerung dem häufig komplizierten Alltag die Stirn bietet. Im Reise Know-How Verlag liegen von Daniel Krasa mehrere Bände in der Kauderwelsch-Reihe, die CityTrips Wien, Frankfurt, Neapel, Tel Aviv, Graz, der MeinTrip Salzburger Land und Salzkammergut sowie die Reiseführer Österreich und Ibiza mit Formentera (zusammen mit Hans-R. Grundmann) vor.

074tn-dk

Thessaloníki auf einen Blick

Inhalt

Cleveres Nummernsystem

Die Sehenswürdigkeiten sind im Text und im Kartenmaterial mit derselben **magentafarbenen ovalen Nummer** ❶ markiert. Alle anderen Lokalitäten wie Geschäfte, Restaurants usw. tragen ein **Symbol und eine fortlaufende rote Nummer** (1). Die Liste aller Orte und die Zeichenerklärung befinden sich im Anhang.

Bewertung der Sehenswürdigkeiten

★★★ nicht verpassen
★★ besonders sehenswert
★ wichtig für speziell interessierte Besucher

Der Schmetterling ...

... zeigt an, wo man Angebote im Bereich des nachhaltigen Tourismus findet.

Planquadrat im Kartenmaterial

[A1] Orte ohne diese Angabe liegen außerhalb unserer Karten. Ihre Lage kann aber wie die aller Ortsmarken mithilfe der begleitenden Web-App angezeigt werden (s. Anhang).

Vorwahlen

- Thessaloníki: 2310
- Griechenland: 0030

Das kommt mir alles Griechisch vor ...

Die Straßenschilder in Thessaloníki sind zweisprachig, verwendet werden griechische und lateinische Buchstaben. Nur die Wörter **Odós** (Straße, in diesem Buch mit „O." abgekürzt), **Leofóros** (Allee, Boulevard) und manchmal **Platía** (Platz) werden meist nur auf Griechisch - **οδός** bzw. **λεοφόρος** und **πλατεία** - angegeben. Etwas gewöhnungsbedürftig ist außerdem, dass manche Straßen, die nach Personen benannt sind, die griechische Genitivendung -ou haben. Aus Ágios Dimítrios (heiliger Demetrios) wird somit die Odós Agíou Dimitríou (Heiliger-Demetrios-Straße) - nicht entmutigen lassen, solange es ähnlich klingt, ist man meist richtig!

Updates zum Buch

www.reise-know-how.de/citytrip/thessaloniki24

⊡ Ein Zeuge wilder Zeiten: der Weiße Turm ㉕ (002tn-sb)

ΕΤΑΙΡΕΙΑ ΜΑΚΕΔΟΝΙΚΩΝ

NICHT VERPASSEN!

4 Kapáni-Markt [C4]

Der beliebteste Markt Thessaloníkis ist ein quirliges Sammelsurium voll heimischer Produkte. Es ist eine wahre Freude, dem Treiben zuzusehen und dabei ein paar außergewöhnliche Mitbringsel zu ergattern (s. S. 21).

9 Agía Sofía [E5]

Ob im Innern dieser dreischiffigen Basilika oder in ihrem entspannten Außenareal, die Agía Sofía bietet einen Ort der Ruhe inmitten des Altstadttrubels (s. S. 29).

14 Ladádika [B5]

Das ehemalige Viertel der Olivenölhändler ist heute der ultimative Nightlife-Hotspot. Das Angebot an Tavernen, Ouzerien und Bars ist hier überbordend (s. S. 37).

22 Kástro und Eptapírgio [J1]

Von hier oben – z. B. vom Trigónios-Turm aus – ist die Vogelperspektive garantiert und der Blick über den Thermaischen Golf und die ganze Stadt ist einfach „ganz großes Kino" (s. S. 49).

26 Neue Uferpromenade [F9]

Wer genug vom Innenstadttrubel hat, kann auf der etwa drei Kilometer langen, verkehrsberuhigten Uferpromenade gleichermaßen Ruhe oder Bewegung finden (s. S. 55).

27 Archäologisches Museum [G8]

Als eines der namhaftesten und bedeutendsten Archäologiemuseen seiner Art beherbergt dieses Haus eine einmalige Sammlung mit Artefakten aus ganz Nordgriechenland (s. S. 58).

28 Museum der byzantinischen Kultur [G9]

Willkommen im vielleicht wichtigsten Museum byzantinischer Kultur überhaupt. Hier finden sich zahlreiche Exponate aus der Zeit, als praktisch das gesamte östliche Mittelmeer byzantinisch geprägt war (s. S. 59)!

003tn-sb

THESSALONÍKI ENTDECKEN

003tn-sb

Willkommen in Thessaloníki

Thessaloníki wirkt auf den ersten Blick etwas „unrund“. Einerseits sind da der chaotische Verkehr und das hektische Treiben. Andererseits versprüht die Stadt durch die breiten Hauptstraßen, großzügig angelegten Plätze, die zumindest teilweise recht einheitliche Bebauung und natürlich die allgegenwärtige Präsenz des Meeres einen unglaublichen Charme. Hat man sich erstmal einen Überblick verschafft, macht es einen Riesenspaß, zu einer Erkundungstour durch die unterschiedlichen Stadtviertel aufzubrechen. Neben den beiden Stadtspaziergängen (s. S. 13 bzw. S. 14) finden sich hier ein paar grobe Orientierungshilfen:

Die **Untere Altstadt** (s. S. 17) – auf Griechisch **Káto Póli** – erstreckt sich von der Küste des Thermaischen Golfs bis etwa zur Odós Agíou Dimitríou [dg]. Sie präsentiert sich weitestgehend großstädtisch und bildet das Zentrum Thessaloníkis. So ist sie sowohl in Sachen Architektur, Gastronomie und Shopping als auch Kultur „the place to be“. Hier finden sich Überreste der römischen und byzantinischen Epochen, aber viele Gebäude sind auch klassizistisch und im Stil des Art déco gehalten.

Nordwestlich der auch einfach Kéndro (Zentrum) genannten Unteren Altstadt erstreckt sich das **Hafenviertel.** Dessen Großteil besteht aus den nicht der Allgemeinheit zugänglichen Frachtterminals und den Verladekais für Öl und Chemieerzeugnisse. Hier liegen aber auch das **Freizeitgelände Pier 1** ⓭ und das beliebte Szeneviertel **Ladádika** ⓮ mit seinen unzähligen Lokalen in prächtigen Häusern aus dem 19. Jahrhundert. Die gesamte Gegend hat Ende der 1990er-Jahre eine Gentrifizierung erfahren und ist schnell zu einem der beliebtesten Quartiere der Stadt mutiert.

Östlich des Hafens erstreckt sich über mehr als einen Kilometer die **Leofóros Níkis** [B5–E8] genannte Uferstraße mit einem überbordenden Angebot an Bars und Restaurants bis zum **Weißen Turm** ㉕. Ab hier wird es ruhiger, speziell wenn man in südöstlicher Richtung der verkehrsberuhigten **Neuen Uferpromenade** ㉖ folgt. Denn mehr Entspannung geht an der Bucht nirgendwo.

Unmittelbar nördlich dieser Gegend liegt das **HELEXPO** genannte Messezentrum, in dessen Umgebung auch mehrere Museen angesiedelt sind. Nochmals nördlich davon erstreckt sich das **Universitätsgelände.** Hier in der Gegend befinden sich das neue Rathaus sowie das Hauptstadion des YMCA-Sportclubs (XANΘ) der Stadt.

All die bis jetzt beschriebenen Abschnitte sind **weitestgehend flach** und können entsprechend gut **zu Fuß** erkundet werden.

Ganz anders ist dies jedoch nördlich der Unteren Altstadt, also oberhalb der Odós Agíou Dimitríou, wo die Straßen schmaler werden und sich in Richtung Nordosten bergauf schlängeln. Ab dort erstreckt sich die hügelige **Áno Póli**, die **Obere Altstadt** (s. S. 42), die sich malerisch an die Felswände des Chortiátis-Massivs schmiegt. Hier oben, weit weg vom geschäftigen Trubel der Unterstadt, scheint die Zeit stehen geblieben zu sein und tatsächlich wirkt die

◁ Vorseite: Typisch Thessaloníki – entspannt flanieren vor historischer Kulisse

057tn-dk

Áno Póli wie ein anderes Universum fernab von Verkehrschaos und Konsumwahn. Die Gegend ist geradezu entspannt, manchmal direkt dörflich. Denn anders als die Untere Altstadt fiel das Gebiet weder dem Großbrand von 1917 noch dem Bauboom der 1960er-Jahre und ebenso wenig dem Erdbeben von 1978 zum Opfer. Hier mutet vieles noch auffallend orientalisch an, immerhin ist ein Großteil der Bausubstanz osmanischen Ursprungs. Man wandelt durch verwinkelte Pflastersteingassen inmitten von niedrigen, häufig bunt bemalten Häusern, von denen einige in desolatem Zustand sind. Hier oben stehen auch wunderschöne Kirchen und die mit stattlichen Mauern 21 umringte **Festung Kástro** sowie die darin thronende **Zitadelle** 22.

Um alle relevanten Viertel der Stadt zu sehen, braucht man **mindestens zwei Tage** und in der Oberen Altstadt auch eine halbwegs **gute Kondition.** Allerdings kann man hier auch auf das gut ausgebaute **Busnetz** (s. S. 126) zurückgreifen, zumal die Busse günstig sind.

Kurztrip nach Thessaloníki

Viele der Sehenswürdigkeiten liegen im Innenstadtbereich, weshalb auf einem Spaziergang durch das Zentrum viele Highlights besichtigt werden können. Wer nur ein Wochenende oder gar nur einen Tag in Thessaloníki hat, dem mögen die folgenden gezielten Routenvorschläge als erster Überblick über die Metropole am Ufer des Thermaischen Golfes dienen.

1. Tag: Das Wichtigste

Morgens

Man sollte den ersten Tag in Thessaloníki mit einem Besuch der Unteren Altstadt beginnen, hierzu könnte der **Spaziergang** auf S. 13 als Orientierung dienen. Auf jeden Fall bietet sich die halbovale **Platía Aris-**

Ein Hauch Orient: der Yachoúdi-Hamam (s. S. 23)

totélous ❶ als Nullpunkt für jede Stadterkundung an. Von hier blickt man bereits das erste Mal aufs Meer. Wem nach einem entspannten Bummel ist, der sollte der stattlichen **Odós Aristotélous** ❷ folgen. Wer noch nicht gefrühstückt hat, der findet im Umfeld viele Cafés für eine morgendliche Stärkung. Wer Action und ein bisschen Einkaufen vorzieht, der sollte sich auf den wuseligen **Kapáni-Markt** ❹ begeben, der montags bis samstags speziell vormittags am lebendigsten ist. Historisch Interessierte sollten über die vielbefahrene Odós Egnatía auf die begrünte **Platía Dikastiríon** gehen, wo sich die frühchristliche **Kirche Panagía Chalkéon** ❼ und ihr gegenüber das alte osmanische Badehaus **Bey Hamam** ❻ befinden. Wer sich für die antike Geschichte der Stadt interessiert, der sollte dem **Römischen Forum** ❽ nördlich der Platía Dikastiríon einen Besuch abstatten, ansonsten kann man sich getrost in Richtung Südosten zur vielleicht eindrucksvollsten Kirche der Stadt bewegen, der **Agía Sofía** ❾.

006tn-sb

Mittags und nachmittags

Bei Magenknurren könnte man sich auf die **Platía Navarínou** [E6] begeben, wo sich einige äußerst gute Restaurants und Imbisslokale befinden, die für einen kleinen oder großen Mittagssnack bestens geeignet sind. Frisch gestärkt sollten sich Hobbyarchäologen den Bauten des Kaisers Galerius widmen, darunter speziell der **Rotónda** ❿ und dem **Galerius-Palast** ⓬. Zumindest einmal sollte man außerdem durch den **Galerius-Bogen** ⓫ geschritten sein. Mit etwas Vorwissen werden auch Kinder diesen Teil der Stadtbegehung interessant finden. **Shoppingfans** hingegen können sich getrost auf die geschäftige **Odós Tsimiskí** ❸ mit ihren Boutiquen und Kaufhäusern konzentrieren.

Nachmittags sollte man sich hinunter ans Meer begeben. Ab hier verläuft die entspannte **Neue Uferpromenade** ㉖ entlang der Küste und jeder sollte sein ganz individuelles Plätzchen für eine Verschnaufpause bzw. ein Sonnenbad finden. Auf jeden Fall dürfen die obligatorischen Fotos vor dem Reiterstandbild Alexanders des Großen und dem Ombréles genannten Regenschirm-Monument nicht fehlen. Doch auch zu einem Spaziergang lädt die auf Griechisch Néa Paralía genannte Promenade ein. Wer hingegen nicht mehr laufen möchte, der kann gleich unmittelbar beim **Weißen Turm** ㉕ zu einer **Minikreuzfahrt auf einer Karavelle** aufbrechen (s. S. 120).

> Shoppen auf dem Kapáni-Markt ❹

< Von der Stadtmauer ㉑ *ist der Blick auf den Thermaischen Golf schlichtweg eine Wucht!*

Abends

Spätestens kurz vor Sonnenuntergang sollte man entweder an der **Neuen Uferpromenade** ㉖ oder am **Pier 1** ⑬ dem Schauspiel beiwohnen, wenn der rote Ball hinter der gegenüberliegenden Küste versinkt. Zum abendlichen Festschmaus empfehlen sich für Liebhaber der griechischen Küche diverse Lokale in **Ladádika** ⑭. Wer danach noch genug Energie bzw. kein Arrangement für eine kulturelle Soiree getroffen hat, der findet ebenfalls in Ladádika oder entlang der Küstenstraße Leofóros Níkis [B5–E8] jede Menge Kneipen und Bars, um den Abend ausklingen zu lassen.

2. Tag: Für Spezialisten

Morgens

Man sollte den zweiten Tag zumindest teilweise einem der zahlreichen hervorragenden Museen der Stadt widmen. Je nach Interessensgebiet können dies für historische Interessierte das **Archäologische Museum** ㉗ oder das **Museum der byzantinischen Kultur** ㉘ sein. Kunstbegeisterte sollten hingegen das **Makedonische Museum zeitgenössischer Kunst** ㉙, das **Museum of Modern Art-Costakis Collection** (s. S. 69) oder die Ausstellungshallen am **Pier 1** ⑬ besuchen.

Alternativ kann man auch dem Stadtmuseum im **Weißen Turm** ㉕ oder dem **Jüdischen Museum** ⑮ einen Besuch abstatten und so viel Spannendes über die Vergangenheit Thessaloníkis erfahren. Wen besonders die **Osmanische Epoche** und ihre (wenigen) Überbleibsel faszinieren, der könnte auf dem **Spaziergang** auf S. 14 den Südteil der Stadt erkunden.

007tn-sb

Mittags und nachmittags

Für eine mittägliche Stärkung bieten sich die Lokale nördlich des **Weißen Turms** ㉕ oder im Umkreis der **Odós Tsimiskí** ③ an. Im Anschluss sollte man sich die **Ágios Dimítrios** ⑰ genannte Basilika zu Ehren des Schutzpatrons der Stadt anschauen. Ab hier steht die „Erklimmung" der Áno Póli genannten **Oberstadt** auf dem Programm, aber keine Sorge: gegenüber der Ágios Dimítrios fährt der Bus Nr. 23 direkt hinauf bis zur Haltestelle Agíi Anárgiri. Zunächst sollte man das **Kástro** mit dem ehemaligen Gefängnis **Eptapírgio** ㉒ aufsuchen und von dort zur gewaltigen **Byzantinischen Stadtmauer** ㉑ spazieren, deren Verlauf man je nach Zeit und Muße entweder nur kurz oder im Rahmen eines ausgiebigen Spaziergangs (s. S. 48) folgen kann.

Nun geht es leicht bergab in das **Vlatádon-Kloster** (20) und ein Stückchen weiter in die **Taxiarchón** (19) genannte Kirche; anschließend sollte man die großartige, mit Mosaiken geschmückte **Ósios David** (18) besuchen. Von fast überall hier oben genießt man atemberaubende Aussichten auf die Untere Stadt und das Meer. Danach kann man entscheiden, ob man den weiteren Abend in der Áno Póli genießen möchte oder, wenn noch ausreichend Energie vorhanden ist, man sich entlang der Stadtmauer wieder bergab bewegen und der kleinen Kirche **Ágios Nikólaos Orfanós** (23) und dem **Atatürk Museum** (24) einen Besuch abstatten will.

Abends

Wer sich dazu entschieden hat, in der Áno Póli zu bleiben und von hier oben dem Sonnenuntergang beizuwohnen, der kann direkt bei der Stadtmauer einkehren, z. B. im **Tícho Tícho** oder dem **Kreonídis** (s. S. 50). Wer hingegen den Weg zurück an die Küste antritt, der sollte den Abend z. B. in einem Lokal an der **Neuen Uferpromenade** (26), wie dem **Ciel** (s. S. 75), oder, falls man es garantiert einheimisch mag, in **Vatikióti** (5) zelebrieren. Alternativ könnte ein Abend in einem der Konzerthäuser wie dem **Mégaro Moussikís** (s. S. 84) oder dem **Moní Lazaristón** (16) diesen Tag abrunden.

Das gibt es nur in Thessaloníki

- Da wäre zunächst das Panorama über die Stadt und den Thermaischen Golf bis hin zum Olymp – am schönsten nachmittags von zahlreichen Stellen in der Áno Póli genannten Oberstadt (s. S. 42) zu genießen.
- Äußerst pittoresk wirkt die architektonisch spannende Unterstadt mit ihrem interessanten Stilmix. Besonders gut ist sie vom Pier 1 (13) oder von der Neuen Uferpromenade (26) aus zu betrachten.
- Geradezu einzigartig sind die großen Sammlungen an Artefakten aus vergangenen Jahrhunderten, die man im Archäologischen Museum (27) und im Museum der byzantinischen Kultur (28) bestaunen kann.
- Auch in Sachen Gastronomie kann es kaum eine Stadt in Griechenland mit Thessaloníki aufnehmen, denn hier ist nicht zuletzt durch die wechselnde Geschichte und durch die vielen ehemaligen Flüchtlinge vom Schwarzen Meer und aus Kleinasien eine sehr kreative und raffinierte Küche entstanden.
- Legendär und einzigartig ist außerdem das überbordende Angebot an Kneipen, Bars und Ouzerien, die meist zu äußerst niedrigen Preisen Getränke und kleine Häppchen anbieten und so die Nächte erstaunlich kurz erscheinen lassen – „Jámass!“

008tn-dk

Thessaloníki hat einen der größten Häfen Griechenlands

Stadtspaziergänge

Spaziergang 1: Durch die Innenstadt

Für ein erstes Kennenlernen Thessaloníkis bietet sich ein Spaziergang an, denn die Stadt kann getrost als fußgängerfreundlich bezeichnet werden. Im Folgenden wird ein überschaubarer Rundgang (ca. 90 Min.) beschrieben, der ein paar der schönsten Orte in der geschäftigen Unteren Altstadt beinhaltet.

Wir starten auf der stattlichen **Platía Aristotélous** 1, die wir in nordwestlicher Richtung auf der Odós Mitropóleos verlassen, um nach wenigen Metern nach rechts in die Odós Komninón abzubiegen. Diese Gegend erinnert noch ein bisschen daran, wie das Zentrum wohl gegen Ende des 19. Jahrhunderts überall ausgesehen haben muss.

Nachdem wir die **Odós Tsimiskí** 3 überquert haben, erkennen wir den **Yachoúdi-Hamam** (s. S. 23) mit seinen 15 Kuppeln. Auf dem Platz um ihn herum befinden sich nette Cafés und der durchaus sehenswerte kleine Blumenmarkt **Louloudádika** (s. S. 90). Weiter geht es Richtung Norden in den wuseligen **Kapáni-Markt** 4 mit seinem reichen Angebot an allerlei Köstlichkeiten. Wir halten uns auf der Odós Vláli Richtung Osten und verlassen den Kapáni-Markt auf die **Odós Aristotélous** 2, die wir jedoch nur überqueren, um auf der Ostseite in das ruhigere Markt- und Tischlerviertel **Vatikióti** 5 zu gelangen.

Einige Werkstätten sieht man hier noch, speziell in der **Odós Papamárkou,** die uns links auf die Odós Karólou Diehl holt, über die wir die breite Odós Ermoú erreichen, die uns direkt zur eindrucksvollen **Basilika Agía Sofía** 9 führt. Seit 1988 ist sie UNESCO-Weltkulturerbe. Südlich des Gotteshauses erstreckt sich die angenehme **Odós Iktínou,** eine Fußgängerzone, an der sich mehrere angesagte Lokale befinden.

Wir folgen ihr nach Süden bis zum Ende und biegen dann schräg nach links in die Odós Paleón Patrón Germanoú ab. Bei ihr handelt es sich um eine **typische Geschäftsstraße,** die mit Shops, Cafés und Imbisslokalen gespickt ist. Wir gehen diese in Richtung Nordosten immer geradeaus und überqueren die beiden kreuzenden Hauptstraßen Odós Pávlou Melá und Odós Alexándrou Svólou, bis wir die stark befahrene Odós Egnatía er-

009tn-dk

Perfekt zu Fuß zu erkunden: die Untere Altstadt

reichen. Nach deren Überquerung sind es nur wenige Meter bis zum eindrucksvollen **Galerius-Bogen** ⓫ und der dahinter liegenden **Rotónda** ⓾, der wir einen Besuch abstatten sollten. Ab hier geht es wieder zurück gen Süden, erneut über die Odós Egnatía und dann weiter auf der autofreien **Odós Dimítriou Goúnari**, die durch ihr reges Treiben fast rund um die Uhr belebt ist. Hier liegen auch die Überreste des **Galerius-Palastes** ⓬ und östlich davon die kleine **Platía Navarínou.** Am südlichen Ende der Odós Dimítriou Goúnari überqueren wir erneut die Odós Tsimiskí ❸ und dann die Odós Mitropóleos in südlicher Richtung, bis wir zur Odós Stratigoú Kallári gelangen, die uns in östlicher Richtung nach wenigen Metern an die **Uferpromenade** Leofóros Níkis bringt. Ab hier sind es etwas mehr als 600 m, bis wir wieder zurück auf der Platía Aristotélous sind. Nach dem Abschluss dieses Spaziergangs haben wir einige **repräsentative Eindrücke** der Unteren Altstadt eingefangen.

Spaziergang 2: Auf den Spuren der Osmanen

Die relativ wenig besuchten, wenn auch speziell im historischen Sinne durchaus sehenswerten Stadtviertel Agiá Triáda, Análipsi und Paléa Paralía im Süden der Stadt sind eine Erkundung wert. Hier, parallel zur Neuen Uferpromenade ㉖*, wurden ab der zweiten Hälfte des 18. Jahrhunderts – damals hieß das Gebiet Hamidiye – wunderschöne Villen errichtet, von denen noch einige existieren, in mehr oder weniger gutem Zustand sind und so ein bisschen über die ausgehende osmanische Geschichte „erzählen".*

Routenverlauf im Stadtplan
Die hier beschriebenen Spaziergänge sind mit farbigen Linien im Stadtplan eingezeichnet.

Wir beginnen unseren **eineinhalb- bis zweistündigen Spaziergang** am **Museum der byzantinischen Kultur** ㉘ und folgen der Leofóros Stratoú in südöstlicher Richtung. Nach etwa 400 m biegen wir rechts in die Odós Evzónon ab, deren Nummer 34 die 1920 erbaute **Villa Mittas** mit ihren wunderbar verzierten gewölbten Dachbogen befindet. Seit den 1970er-Jahren steht sie leider leer und verfällt langsam vor sich hin.

Wir folgen der **Odós Velissaríou** nach links abermals gen Süden, bis wir bei Nummer 39 die kleine, der heiligen Trinität geweihte **Agiá-Triáda-Kirche** erreichen. Ab hier geht es über die gleichnamige Odós Agiás Triádos nach links auf die vielbefahrene Leofóros Vasilíssis Ólgas, auf der uns gleich mehrere Highlights begegnen: In der Nr. 5 befindet sich die **ehemalige Knabenschule**, die 1899 von Frédéric Charnot als Villa für Josef Modiano errichtet wurde. Vor dem Haupteingang sind **Stolpersteine** in den Boden eingelassen, die die Namen der in Ausschwitz-Birkenau ermordeten ehemaligen Schüler tragen. Auf der gegenüberliegenden Seite (Nr. 18) befindet sich die von Levi Modiano 1888 erbaute **Villa Michaelidi**, in der der Casablanca Social Club (s. S. 81) einlädt. Direkt daneben schließen sich ein Grünstreifen und dann die neobarocke, **baufällige Villa Salem** an, die über viele Jahre im Besitz der jüdischen Familie Salem war und in der von 1924 bis 1978 das italienische Konsulat seinen Sitz hatte.

Nehmen Sie dann die Odós Archeologikoú Mousíou nach links. Hier steht die 1903 von Vitaliano Poselli errichtete **Yeni Camii** (auch **Dönme-Moschee** genannt), die für Juden konzipiert wurde, die zum Islam konvertiert waren. In ihr finden heute **Kunstausstellungen** statt (geöffnet Di–Fr 10–15.45 und Sa 11–14.45 Uhr, Eintritt frei). Beachten Sie den eklektischen Mix aus **klassizistischen und orientalischen Elementen.**

Über die Odós Edmóndou Rostán und die Odós Athanasíou Diákou geht es zurück auf die Leofóros Vasilíssis Ólgas, wo wir auf keinen Fall die **Blindenschule** (Nr. 32) und das 1897 für Geschäftsmann Osman Ali Bey geschaffene Gebäude (Nr. 36) übersehen sollten, in dem einst das **bulgarische Konsulat** untergebracht war und das heute das Institut für byzantinische Kultur der Aristoteles-Universität beherbergt.

Orthodoxe Ikonen im Museum der byzantinischen Kultur 28

Doch es folgen in Richtung Süden noch mehr bezaubernde **architektonische Meisterwerke.** Da wäre zunächst die **Villa Modiano** (Nr. 68), in der sich das **Ethnologische Museum** 30 befindet. Nummer 105 ist eines der beachtlichsten Gebäude der Gegend, die **Villa Ahmet Kapanci,** die zwischen 1905 und 1907 von Piérro Arrigóni für die Familie Kapanci – auch sie waren Dönme-Muslime – in einem Mix **aus Neo-Renaissance und Neo-Klassizismus** gebaut wurde. Nach zahlreichen Vorbesitzern gehört sie seit 2012 dem russisch-griechischen Geschäftsmann Ivan Savvidis, der u. a. der Eigentümer des Fußballvereins PAOK Thessaloníki ist. Ein paar Häuser südlich (Nr. 127) steht die der Himmelfahrt des Herren – **Análipsi to Kíriou** – geweihte Kirche mit ihrem goldschimmernden Portal und wenige Meter gegenüber (Nr. 108) die für Mehmet Kapanci errichtete Villa, in der die **Nationalbank Griechenlands** (MIET) heute ein **Kulturzentrum** betreibt. Mehmet Kapanci war 1908 Bürgermeister der Stadt und 1917 lebte in seiner Villa Elef-

010tn-dk

011tn-dk

thérios Venizélos (1864–1936) als Leiter der provisorischen Gegenregierung. Wieder müssen wir die Straße überqueren und schenken der Nummer 133, der wundervollen **Villa Epavli Marokkou**, einen Blick. Unter der Nummer 144 sind noch die leidlichen Überreste eines wohl ebenfalls einst eindrucksvollen Gebäudes zu erkennen, doch bereits ein Stück weiter (Nummern 160–162) steht die großartige **Villa Mordoch**, die 1905 für einen osmanischen Kommandanten namens Seifulah Pascha gebaut und 1923 an die jüdische Familie Mordoch verkauft wurde. Nummer 182 ist die stattliche **Villa Bianca**, in der die **Municipal Art Gallery** (s. S. 69) untergebracht ist. Gebaut wurde sie für den jüdischen Großindustriellen Dino Fernandez-Diaz und seine Frau Bianca.

Nummer 198 ist die beachtliche **Villa Allatini**, die 1898 ebenfalls von Vitaliano Poselli für die italienisch-jüdische Familie Allatini gebaut wurde. Diese beherrschte praktisch das gesamte 19. Jahrhundert über den Handel des Osmanischen Reiches, doch mit Anfang des 20. Jahrhunderts kam es zum Bruch mit den Mächtigen und nachdem die Jungtürken 1909 den Sultan Abdülhamid II. von seinem Thron vertrieben hatten, wurde er bis 1912 mitsamt seinem Harem in der Villa unter Hausarrest gestellt. Heute befinden sich hier die Büros der **Regierung Zentralmakedoniens.** Wer nach etwa vier Kilometern genug des Gehens hat, der kann mit der Buslinie 3K (Haltestelle Nomarchía) wieder zurück zur Ausgangsstelle fahren. Wer hingegen noch Energie hat, biegt rechts in die Odós Ploútonos ein und geht 200 m nach Westen bis zur Odós Georgíou Papandréou, der man nach rechts folgt. Nach etwa 350 m liegen linker Hand die nicht mehr in Betrieb befindlichen und etwas heruntergekommenen **Allatini-Weizenmühlen,** die in den 1930er-Jahren die größten auf dem gesamten Balkan darstellten. Etwas weiter nördlich erreichen wir über die Odós 25is Martíou das Konzerthaus **Mégaro Moussikís** (s. S. 84) am südlichen Ende der Neuen Uferpromenade 26. Ab hier geht es entlang des Wassers schnurstracks zurück in Richtung Innenstadt.

⌃ *Immer gut für ein Foto: die Uferpromenade Leofóros Níkis [B5–E8]*

Untere Altstadt

Nach dem großen Feuer von 1917, das praktisch die gesamte Untere Altstadt zerstörte, wählte eine Gruppe von Architekten und Stadtplanern, darunter Ernest Hébrard und Thomas Mawson, die byzantinische Ära als Grundlage für das neue Stadtkonzept. Ihre Entwürfe beinhalteten monumentale Plätze wie die eindrucksvolle Platía Aristotélous ❶ *und diagonale Straßenachsen wie die Odós Aristotélous* ❷ *oder die Odós Tsimiskí* ❸*. Außerdem wurden öffentliche Gebäude in unterschiedlichen Baustilen geschaffen, darunter im Jugendstil und Art déco. Man restaurierte byzantinische Kirchen wie die Panagía Chalkéon* ❼ *oder die Agía Sofía* ❾ *und osmanische Bauten wie das Bey Hamam* ❻*. Im Ostteil der Unteren Altstadt finden sich bauliche Reliquien aus der Zeit des römischen Kaisers Galerius wie Überreste seines Palastes* ⓬*, sein Triumphbogen* ⓫ *und die Rotónda* ❿*.*

Mitten im Zentrum: die Platía Aristotélous

❶ Platía Aristotélous ★★★ [C6]

Πλατεία Αριστοτέλους

Der Nabel Thessaloníkis ist der nach dem Philosophen Aristoteles (384–322 v. Chr.) benannte schmucke Hauptplatz, der mit seinen Cafés und den Schatten spendenden Arkaden zum besinnlichen Verweilen einlädt, gleichzeitig aber auch den Startpunkt für die Stadterkundung darstellt.

Kein Besuch der Stadt wäre ohne ein zumindest kurzes Verweilen auf der großzügig in Halbovalform angelegten Platía Aristotélous vollkommen. Es ist wirklich eine wahre Wonne, hier einen Moment innezuhalten, zu flanieren oder ganz beschaulich bei einem Kaffee den **Blick auf das weite Meer** zu genießen.

Nachdem ein **Großbrand im August 1917** weite Teile der Unterstadt zerstört hatte, begann die Stadtverwaltung damit, den Prachtplatz unmittelbar am Ufer zu errichten. Bereits vor dem apokalyptischen Feuer, dem über 9500 Gebäude zum Opfer fielen, nach dem es glücklicherweise aber kaum Tote zu beklagen gab, lag in dieser Gegend auch das Zentrum

012tn-sb

der Stadt mit zahlreichen Geschäften, Banken, Ämtern, Kirchen, Synagogen und Moscheen. Doch war alles weitaus enger und verwinkelter als sich das Gebiet heute präsentiert. Beauftragt mit der Neugestaltung des Platzes und der näheren Umgebung wurde der französische Archäologe und Städteplaner **Ernest Hébrard,** der hauptverantwortlich für den **Wiederaufbau** der zerstörten Innenstadt war und dieser ihr aktuelles Gesicht verlieh. Schnell entwickelte sich die teilweise begrünte Platía Aristotélous zum pulsierenden Herzen der Stadt, wo das ganze Jahr über in regelmäßigen Abständen zahlreiche **Veranstaltungen,** inklusive kirchlicher Prozessionen, politischer Kundgebungen und allerlei weltlicher Events, stattfinden. Dazu gehört auch ein Weihnachtsmarkt (s. S. 94) mitsamt einem eindrucksvollen Weihnachtsbaum, einem Weihnachtsschiff und einer Eislaufbahn für Groß und Klein.

Flankiert wird der elegante Platz von **herrschaftlichen Gebäuden** in einem interessanten Architekturmix aus mitteleuropäischen und byzantinischen Bauelementen. Die meisten stammen aus den 1930er- bis 1960er-Jahren wie das luxuriöse **Hotel Electra Palace** (s. S. 124) oder gegenüber das **Olympion-Kino,** in dem während des Filmfestivals (s. S. 94) alljährlich die Stars und Starlets über den roten Teppich schreiten. Am nördlichen Ende des Platzes befindet sich ein **Informationskiosk des Tourismusbüros** (s. S. 110). Angenehm ist, dass das Areal **verkehrsberuhigt** ist und sich somit hier den ganzen Tag über auch Familien mit Kindern tummeln, Senioren einen Plausch halten, Sonnenanbeter den Teint auffrischen oder verliebte Pärchen das romantische Setting genießen. Sprich, die Platía Aristotélous ist durch ihr ganz besonders entspanntes **griechisches Flair** einen Besuch wert, natürlich nicht zuletzt auch für das obligatorische Selfie vor der Bronzestatue des Philosophen Aristoteles, der dem wuseligen Treiben mit stoischer Ruhe aus dem Südosten des Platzes beiwohnt. In den Arkadengängen unter den Bauten sind reichlich **schicke Restaurants** und **angesagte Cafés** angesiedelt, von denen manche bis spät in die Nacht auch als **hippe Bars** fungieren. Noch lebendiger geht es in unmittelbarer Nähe am südlichen Ende des Platzes zu, wo die Leofóros Níkis [B5–E8] das Ufer begrenzt und an der sich ein Lokal neben dem anderen befindet.

› Haltestelle Platía Aristotélous, Bus 3K, 5, 6, 12, 33, 39

Namensgeber des Platzes: der Philosoph Aristoteles

2 Odós Aristotélous ★★ [D5]

Οδός Αριστοτέλους

Wer wirkliches Großstadtflair erleben möchte, der sollte sich ab der Platía Aristotélous 1 in nördlicher Richtung auf der berühmtesten Flaniermeile der Stadt bewegen, der mit prachtvollen Bürgerhäusern und allerlei Geschäften sowie Lokalen gesäumten Odós Aristotélous.

Dass der antike Philosoph Aristoteles (384–322 v. Chr.) – er gilt als Begründer der logischen Methodik – ein Fan von Kommerz und Konsum war, ist zu bezweifeln. Warum gerade die mondäne Fußgängerzone mit ihrem reichen Angebot an Einkaufs- und Gastronomieadressen nach ihm benannt wurde, bleibt ein Rätsel. Dennoch: Sie ist heute zweifellos die **beliebteste Prachtstraße** der Stadt. Sie beginnt nördlich der Platía Aristotélous und endet nach etwa 450 m an der pulsierenden Odós Egnatía [B3–J9]. Gekreuzt wird die verkehrsberuhigte Straße dabei jedoch ein paar Mal, darunter auch von der viel befahrenen Odós Tsimiskí 3.

Auch die Odós Aristotélous geht auf Pläne von **Ernest Hébrard** zurück, der sie zusammen mit der Odós Egnatía zur Hauptachse des neu geschaffenen Zentrums der Unterstadt machte. Sämtliche Straßen des Viertels sind gitterförmig um die Odós Aristotélous angelegt. Hébrards Pläne, die auch stattliche **Bürgerhäuser** im neoklassizistischen Stil mit einbezog, wurden hier ebenfalls verwirklicht, während in der umliegenden Gegend die Notwendigkeit nach schnell geschaffenem Wohnraum überwog – immerhin trieb das Flammeninferno von 1917 ca. 75.000 Bürger der Stadt in die Obdachlosigkeit. Entsprechend sollte man die Odós Aristotélous nicht zuletzt aus architektonischen Gesichtspunkten begehen und dabei ein besonderes Augenmerk auf die **maurisch-orientalisch anmutenden Balkone** richten, die praktisch bei allen Gebäuden identisch sind. Wie bereits erwähnt, ist die Odós Aristotélous autofrei und stellt somit unweigerlich den Hauptmagnetpunkt zum **entspannten Flanieren** und **kontemplativen Staunen** dar.

Für Shoppingfans bietet die Straße hier und da ein paar erwähnenswerte Besonderheiten, z. B. für Leseratten die dreistöckige Buchhandlung **IANOS** (s. S. 87). Perfekt geeignet für ein unkonventionelles Mittagessen sind die Gyroslokale am nördlichen Ende der Straße. Wem mehr nach einem erfrischenden Eis oder einem köstlichen Hefezopf ist, der wird ganz sicherlich bei Terkenlís

014tn-sb

☒ *Ob Shopper oder Spaziergänger: die mondäne Odós Aristotélous hat für alle etwas zu bieten*

(s. S. 85) fündig. Speziell werktags gegen Vormittag wird es auf der oberen Odós Aristotélous häufig **laut und lebendig.** Denn dann breitet sich das wuselige Treiben des nahe gelegenen Kapáni-Marktes ❹ bis hierher aus und man findet fliegende Händler, die alles mehr oder weniger Brauchbare an den Mann und die Frau bringen wollen, sowie ein erhöhtes Aufkommen an Einheimischen, die ihrem Einkaufsbummel nachgehen.

› Haltestelle Platía Aristotélous, Bus 2K, 10, 11, 14, 17, 21, 24, 27, 28, 29, 31, 32, 34, 37, 58, X1/N1

❸ Odós Tsimiskí ★★ [D6]

Οδός Τσιμισκή

Die Odós Tsimiskí, die größte und bekannteste Einkaufsstraße der Stadt, verläuft vom Messegelände im Osten über mehr als eineinhalb Kilometer bis zur Kreuzung mit der Odós Íonos Dragoúmi [B5–D3] und ist dabei der perfekte Ort für einen entspannten Schaufensterbummel, aber auch für olympisches Intensivshopping.

Mit einer Vielzahl an Flagshipstores bekannter Modeketten, **schicken Boutiquen** und einer großen Anzahl gastronomischer Adressen bietet die Odós Tsimiskí ein Überangebot dessen, was das anspruchsvolle Einkaufsherz begehrt. Die relativ breite und **viel befahrene Einbahnstraße** hieß bis 1913 Défteri Parállilos („zweite Parallele") und war bis zur Schleifung der Stadtmauer in der Unterstadt Ende des 19. Jahrhunderts die Hauptverbindungsachse zwischen dem Ost- und dem Westtor.

Als Thessaloníki in Folge des **Zweiten Balkankrieges** 1913 final Griechenland zufiel, entschloss man sich, die Straße nach dem **byzantinischen Kaiser Ioánnis Tsimiskís** (924–976) zu benennen. Der in Konstantinopel (heute Istanbul) geborene Tsimiskís war zwar armenischen Ursprungs, doch als Kaiser und Oberbefehlshaber der griechisch-byzantinischen Streitkräfte machte er sich im Kampf gegen die Araber, aber noch viel mehr gegen die Rus-Bulgaren unter Großfürst Swjatoslaw I., einen Na-

015tn-sb

MEIN TIPP

Ideal für den kleinen Hunger!

Folgt man der Odós Tsimiskí 3 ab der Kreuzung mit der Odós Aristotélous 2 etwa 300 m Richtung Nordwesten, geht links die Odós Rogkóti ab. Hier bekommt man bei Mezen Salonica eine großartige Auswahl an Mezédes, der griechischen Version der Tapas. Die Betreiber kommen aus Vólos, dem „Mekka" der Mezédes, und haben neben den kleinen Häppchen auch über 80 Spirituosen im Angebot, darunter diverse Ouzo-Sorten und solche des in ganz Nordgriechenland beliebten Brandweins Tsípouro.

1 [B5] **Mezen Salonica** €€, 3 O. Rogkóti, Tel. 2310232749, http://mezen.gr

men. Eben diesem Swjatoslaw fügte er im Sommer 971 in Silistra eine herbe Niederlage zu, woraufhin sich das slawische Heer ergab und der Großfürst zu Gunsten des Byzantinischen Reiches auf weite Teile des Balkans verzichten musste. Natürlich war die Umbenennung der Straße ein symbolischer Schlag ins Gesicht der Bulgaren, die Anfang des 20. Jahrhunderts das Machtvakuum der abziehenden Osmanen hatten nutzen und sich Thessaloníki hatten einverleiben wollen. Auch die Odós Tsimiskí verdankt ihr heutiges Bild Ernest Hébrard, auch wenn sie sich weit weniger prachtvoll präsentiert als z. B. die Odós Aristotélous 2.

Architektonisch besonders wertvoll sind das Gebäude mit der Nr. 4, in dem der lokale Sitz der **Bank of Greece** untergebracht ist, das herrschaftliche Wohnhaus der jüdischen Familie **Gattegno-Florentin** (Nr. 15) an der Ecke zur Odós Venizélou und der hellgelb getünchte Prachtbau mit seinen Säulen (Nr. 29). Neben den Boutiquen, die sich im Besonderen auf das Thema Mode spezialisieren, finden sich hier auch das **Kaufhaus Attica** (s. S. 78) und die **Plateia Center Mall** (s. S. 90), eine Shoppingmall mit offenem Atrium. Manch ein älterer Einheimischer blickt mit etwas Wehmut auf die Zeit zurück, als die kurz Tsimiskí genannte **Lieblingsstraße** der Bürger noch nicht in den Fängen der großen Marken war und hier nicht fast ausschließlich „Big Consumer Business" betrieben wurde. Nun, bis heute lieben es die Menschen aller sozialen Schichten und Altersgruppen, die Straße **auf und ab zu flanieren** und aufgrund dieser höchst lebendigen Atmosphäre kann ein Besuch auch Shoppingmuffeln empfohlen werden.

› Haltestellen Kéndro Istorías Thessaloníkis, Diagónios, Agías Sofías, Platía Aristotélous und Platía Emporíou, Bus 3K, 5, 6, 12, 15, 16, 23, 33, 58

◁ Elegant und prachtvoll: die Odos Tsimiskí ist sehenswert

4 Kapáni-Markt ★★★ [C4]

Αγορά Καπάνι

Willkommen in Thessaloníkis hedonistischem Einkaufsparadies, dem Kapáni-Markt – auf Griechisch Agorá Kapáni. Ob zum Einkaufen oder nur zum Erkunden der lebendigen und doch irgendwie entspannten Atmosphäre, man kann dieser Gegend eine gewisse „urbane Exotik" nicht absprechen.

Wer bis jetzt **mediterran-balkanisches Flair** vermisst hat, der wird einen Besuch auf Thessaloníkis berühmtestem und wichtigstem Markt nicht bereuen. Der Kapáni-Markt nordwestlich der Odós Aristotélous 2

016tn-sb

ist ein quirliges Sammelsurium aus Obst-, Gemüse-, Backwaren-, Gewürz-, Fleisch- und Fischgeschäften, aber auch Textilien- Schuh-, Devotionalien- und Haushaltswarenläden, die dicht beieinander ihre Waren feilbieten. Auffallend ist neben dem bunten Treiben insbesondere das ausgesprochen **breite Angebot an typisch griechischen Produkten,** somit eignet sich ein Besuch des ebenfalls *Agorá Vláli* genannten Marktes durchaus auch für Souvenir- und Geschenkjäger.

Speziell von frühmorgens bis etwa 14 Uhr ist die Gegend am lebendigsten. Dann ist es eine wahre Freude, durch das **Gassenlabyrinth** des Marktes zu wandeln, die fremden Gerüche zu erschnuppern, den Marktschreiern zuzuhören und sich voll und ganz der belebten Atmosphäre hinzugeben. Dabei besteht das ein paar Hundert Quadratmeter große Marktviertel aus mehreren, teilweise überdachten Gassen, von denen von Süden nach Norden die **Odós Askitoú,** die **Odós Vláli** und die **Odós Solomoú** die Hauptachsen bilden. Hinzu kommt der zentrale **Kapáni-Platz,** auf dem sich das Verkaufsareal fortsetzt und wo man sich speziell auf Produkte aus ökologischem Anbau – allen voran Oliven aus verschiedenen Regionen des Landes – spezialisiert hat.

Und bei Magenknurren? Seit einigen Jahren bietet der Kapáni-Markt auch eine relativ **große Auswahl an Gastronomiebetrieben,** vorrangig mit einfacher, aber dafür zu 100 % einheimischer Küche. Verlässliche Stände für den Imbiss zwischendurch sind außerdem die Bäckerei **Strátos** (s. S. 77) mit den *Píttes* genannten Sandwiches oder schräg gegenüber **Kalogerópoulos** (s. S. 77) für allerlei Gegrilltes.

Da fällt die Auswahl schwer: zahllose Olivensorten auf dem Kapáni-Markt 4

MEIN TIPP

Schlemmen im Markttrubel

Unter den vielen Lokalen auf dem Kapáni-Markt ❹ sei besonders das O Sóstis direkt auf dem zentralen Platz empfohlen. Neben der ausgesprochen guten Küche bietet es einen wundervollen Blick auf das lebhafte Treiben.

3 [D4] **O Sóstis** €-€€, 23 O. Vláli, Tel. 2310266665, www.facebook.com/sostiskapani

Überquert man südlich des Marktes die Odós Ermoú, erreicht man die etwas weniger geschäftige, zwischen 1922 und 1930 vom jüdischen Architekten Eli Modiano (1881–1968) erbaute **Modiano-Markthalle**. Neben weiteren Delikatess- und Lebensmittelgeschäften beherbergt sie eine Vielzahl hipper Lokale.

Kurzum: Wer das **echte Thessaloníki** sucht, muss dem Marktviertel unbedingt einen Besuch abstatten. Wem das Gewirr jedoch zu viel wird, der kann südlich der Modiano-Markthalle auf die **Odós Vasiléos Irakleíou** [B4–D5] ausweichen. Hier steht der **Yachoúdi-Hamam**, ein türkisches Dampfbad aus dem 16. Jh., das von 15 Kuppeln gekrönt wird. Im Vorhof des Hamams verkaufen **Blumenhändler** ihre Waren, weshalb das Gebiet auch als **Louloudádika** („Blumenmarkt") bekannt ist (s. S. 90). In der näheren Umgebung finden sich Bänke zum Verweilen und entspannte Cafés, um die Seele baumeln zu lassen.

★**2** [C5] **Yachoúdi-Hamam**, O. Vasiléos Iraklíou

› Odós Egnatía oder Odós Ermoú, Haltestelle Platía Aristotélous oder Agorá, Bus 2K, 10, 11, 14, 16, 17, 21, 24, 27, 28, 29, 31, 32, 34, 37, 58, X1/N1. Die meisten Läden sind Mo–Sa 7–18 Uhr geöffnet.

❺ Vatikióti ★★ [D5]

Βατικιώτη

Ein bisschen des Charmes des ursprünglichen Thessaloníki lässt sich im alten Markt- und Tischlerviertel Vatikióti noch spüren. Bekannt ist es heute aber hauptsächlich für seine Ouzerien und Tavernen, in die es allabendlich Einheimische und Auswärtige verschlägt.

Die Gegend, die sich im Westen an die Odós Aristotélous ❷ und im Norden an die Odós Egnatía anschmiegt, besteht im Grunde genommen nur aus ein paar **verschlafenen Gässchen.** Wer vormittags oder in den Nachmittagsstunden kommt, wird höchstens die **bunten Fassaden** einiger Häuser als Fotomotive auserwählen. Und doch strahlt Vatikióti mit seiner **uneinheitlichen Bebauung** irgendwie noch ein wenig das Ambiente der „alten Zeit" aus. Denn hier und in vergleichbaren Vierteln der Stadt siedelten sich auf engstem

Geschnitztes Kunsthandwerk gibt es im Tischlerviertel Vatikióti

019tn-sb

017tn-sb

Raum im Zuge des Bevölkerungsaustauschs zwischen Griechenland und der Türkei nach dem Vertrag von Lausanne 1923 Zigtausende griechische Flüchtlinge vom Schwarzen Meer und aus Kleinasien an.

Die türkisch-muslimischen Einwohner wurden im Gegenzug vertrieben und bereits zuvor gab es hier eine **große jüdische Community** mit Synagogen und koscheren Geschäften in unmittelbarer Nähe. Somit war Vatikióti zwar einerseits immer auch Wohnviertel, den meisten Bewohnern Thessaloníkis war es jedoch in erster Linie als **Gewürzmarkt** namens *Agorá Áthonos* bekannt und in vielen der Wohngebäude befanden sich zusätzlich kleine Fabriken und Werkstätten von Korbflechtern, Tischlern und Töpfern. Einige davon findet man auch heute noch hier – speziell in der **Odós Papamárkou** –, mit gedrechselten Stühlen und Tischchen im Angebot. Ansonsten gibt es ein paar Kuriosa- und Krimskrams-Shops sowie einige Lebensmittelgeschäfte wie den Kräuter- und Gewürzhändler **Casa Natura.**

Viel bekannter ist das Viertel wegen der angesagten **Tavernen und Ouzerien** wie dem Oúzo ston Pínaka (s. S. 74), die Vatikióti zu einem echten Nightlife-Hotspot machen. Zwar kann man auch zum Mittagessen hierherkommen, doch geht es abends definitiv uriger und v. a. lebendiger, dafür aber auch entsprechend lauter zu. Bei gutem Wetter werden draußen schnell die Tische und Stühle aufgestellt und man nutzt die vorgelagerten – häufig überdachten – Gassen als erweiterten Gastraum. Dazu ertönen **Rebétiko-Klänge** von Musikern der Lokale und schon ist die griechische Bilderbuchatmosphäre perfekt.

› Odós Egnatía oder Odós Ermoú, Haltestelle Platía Aristotélous, Bus 2K, 10, 11, 14, 17, 21, 24, 27, 28, 29, 31, 32, 34, 37, 58, X1/N1

Fast dörfliche Idylle: in Vatikióti 5 geht es noch entspannt zu

6 Bey Hamam ★ [D4]

Μπέη Χαμάμ

Wo früher gebadet und kräftig geschwitzt wurde, finden heute regelmäßig Kunstausstellungen statt. Das im 15. Jahrhundert von den Osmanen errichtete Badehaus gilt als das besterhaltene seiner Art in ganz Griechenland. Es kann mittlerweile jedoch leider nur im Rahmen von Veranstaltungen besucht werden.

Reinheit – auf Arabisch ṭahāra – ist ein wichtiges Element des Islam und somit wurde seit dem frühen Mittelalter in der gesamten muslimisch geprägten Welt das Konzept des Hamam (Dampf- und Badehaus) eingeführt und verbreitet. Nachdem Thessaloníki 1430 von den Osmanen erobert worden war, ließ Sultan Murat II. auch hier **drei Badehäuser in der Umgebung der Odós Egnatía** errichten, von denen das Bey Hamam das erste und auch größte darstellt. Heute gehört es zu den wenigen Relikten der einst so reichen osmanischen Architektur in der Stadt, nicht zuletzt, weil sich auch die Griechen noch nach dem Abzug der orientalischen Herrscher daran erfreuten, hier das feuchte Nass zu genießen – so blieb es bis 1968 unter dem Namen Loutrá Parádisos, „Paradiesbad", in Betrieb. Nach dem Erdbeben von 1978 wurde es restauriert und zu einem Ort umfunktioniert, an dem **Kulturveranstaltungen** stattfinden.

Im Innern des Badehauses finden sich zwei ursprünglich strikt getrennte Bereiche für Männer und Frauen. Das **Männerbad** ist geräumiger und auch aufwendiger dekoriert und man betritt es über den Haupteingang, während das **Frauenbad** auf der Nordseite liegt. Beide Teile folgen demselben dreigliedrigen Prinzip, bestehend aus einer Abfolge von kalten, lauwarmen und heißen Räumen. Eine große rechteckige Heißwasserzisterne mit unterirdischem Zulauf flankiert die Bäder nach Osten und sicherte deren Wasserversorgung, wobei die Räume vorrangig mit Wasserdampf gespeist wurden.

Das Männerbad bildet auch heute den **Hauptbereich** und umfasst einen großen achteckigen Kühlraum mit einer von Säulen getragenen Galerie und einer aufwendig bemalten

Rebétiko

Sevilla hat den Flamenco, St. Louis den Blues, Lissabon den Fado und Thessaloníki den Rebétiko. Zwar gab und gibt es auch in Athen und Piräus eine aktive Rebétiko-Szene, doch die Klänge der griechischen Diaspora aus Kleinasien haben in Thessaloníki ihre Höchstform erreicht und gehören zur Stadt wie der Weiße Turm (25) und das Bougátsa genannte Blätterteiggebäck (s. S. 85). Man versteht unter Rebétiko einen Musikstil, der griechische Einflüsse mit denen der osmanisch-orientalischen Tradition mischt. Gespielt wird er von Combos, die in der Regel aus den Instrumenten Akkordeon, Bouzoúki (eine Schalenhalslaute) oder ihrer kleineren Version namens Baglamás, Geige und Gitarre bestehen.

Die Lieder erzählen meist von den Sorgen des Alltags des „einfachen Mannes" und nicht selten schwingen darin ein bisschen Weltschmerz und Sehnsucht nach der alten Heimat mit. Heutzutage wird in Lokalen Rebétiko häufig von 2–3-Mann-Bands dargeboten, wobei diese entweder vom Betreiber bezahlt werden oder es sich manchmal um freie Straßenmusiker handelt, die nach ein paar Liedern von Tisch zu Tisch gehen und um ein kleines Trinkgeld bitten. Wer mehr hören möchte, der findet bei Studio 52 (s. S. 87) ein beachtliches Angebot an CDs der Rebétiko-Klassiker. Wer hingegen eine eigene Bouzoúki o. Ä. erwerben möchte, der wende sich an:

4 [F7] **Xilofonía,** Platía Ippodromíou 8, Tel. 2310231647, http://xilofonia.gr

Kuppel. Im Südosten folgt der gleichsam achteckige lauwarme Raum, der auch von einer reich verzierten Kuppel bedeckt wird. Weiter östlich liegen die heißen Räume, die um ein großes kreuzförmiges Atrium angeordnet sind, in dessen Zentrum sich der Massagebereich befand. Interessant ist, dass das Bey Hamam über ein ausgeklügeltes Belüftungssystem verfügt, bei dem einerseits die erhitzte Luft die Räume erwärmte, aber der entstehende Rauch seitlich über Kerben in den Wänden entweichen konnte.

Wie erwähnt, ist es bis auf Weiteres nur möglich, das Bey Hamam im Rahmen einer Ausstellung zu besichtigen, wenn auch die Stadtverwaltung seit Längerem überlegt, das Gebäude abseits dieser Events für Besucher zugängig zu machen.

Sollte der Eingang verschlossen sein, kann man zumindest das orientalisch anmutende Äußere des Bey Hamam bestaunen.

› Platía Dikastiríon, Haltestelle Platía Aristotélous, Bus 2K, 10, 11, 14, 17, 21, 24, 27, 28, 29, 31, 32, 34, 37, 58, X1/N1, Tel. 2310589141, bei Ausstellungen: Mi–Sa 8–15 Uhr, Eintritt frei

7 Panagía Chalkéon ★★ [D4]

Παναγία Χαλκέων

Auf dem Erkundungszug durch die Unterstadt sollte man auf keinen Fall diese verhältnismäßig kleine frühchristliche Kirche verpassen, die aufgrund ihrer Backsteinfassade weithin als „Kókkini Ekklisía" („Rote Kirche") bekannt ist und im historischen Viertel der Kupferschmiede steht.

Das Gotteshaus, das in direkter Übersetzung **„Allerheiligstes der Kupferschmiede"** heißt und Teil des **UNESCO-Weltkulturerbes** ist, befindet sich inmitten einer netten **Gartenanlage** direkt auf der Platía Dikastiríon nordöstlich der Odós Egnatía, wo noch bis ins späte Mittelalter vor allem Werkstätten lagen, in denen aus Kupfer sowohl Kunsthandwerk als auch Alltagsutensilien gefertigt wurden.

An dieser Stelle mag bereits ein **Tempel aus der Antike** gestanden haben – so lässt es zumindest eine Inschrift am Westeingang vermuten. Aber die Panagía Chalkéon wurde zu Ehren des **Christóphoros**, des Gouverneurs und Protospathários (einer der höchsten höfischen Würdentitel) der byzantinischen Provinz Langobardia (im heutigen Süditalien), seiner Frau Maria und deren Kinder errichtet und 1028 geweiht.

Man betritt die mit Spitzgiebeln, Bögen und Pilastern geschmückte Kirche von der Platía Dikastiríon kommend über den **Westeingang.** Das Gebäude wurde auf dem Grundriss eines Kreuzes errichtet und verfügt über ein als **Naós** (Tempel) bezeichnetes Hauptschiff, über dem die zentrale Kuppel auf vier Säulenbögen mit Trapezkapitellen thront, und die seitlich angebrachte, zweistöckige **Nárthikas** (eine Art Vorhalle), die ihrerseits von zwei kleineren Kuppeln überdacht wird.

Auf der **Ostseite** befindet sich das **Ierón** (Sakristei), bestehend aus einer dreiseitig geschlossenen Apsis und zwei Nebenräumen. Sehenswert im Innern der Panagía Chalkéon sind speziell die meist noch originalen, wenn auch nicht mehr zur Gänze gut erhaltenen **Fresken** wie das Bildnis der **Jungfrau Orant**, flankiert

Die „Rote Kirche" steht inmitten eines üppigen Gartens unterhalb des Straßenniveaus

von zwei Erzengeln. Auch die **Anárgyroi** genannten selbstlosen Heiler und die zahlreichen biblischen Darstellungen wie die Himmelfahrt Christi in der Kuppel oder das Jüngste Gericht in der Vorhalle sind sehenswert. Kunstvoll sind zudem die **Marmorarbeiten** und die Nische an der Nordwand des Hauptraums, in der das **Grab** des Christóphoros vermutet wird. Erstaunlich ist, dass die „Rote Kirche“ über die Jahrhunderte hinweg weitgehend ihr Äußeres und Inneres bewahren konnte, selbst in den Jahrhunderten der Türkenherrschaft, als sie unter dem Namen Kazancılar Camii als **Moschee** fungierte. In ihrer heutigen Form besteht sie seit den **Renovierungsarbeiten** von 1934 nach dem verheerenden Erdbeben in Chalkidikí, bei dem auch zahlreiche Gebäude in Thessaloníki beschädigt wurden.

› Platía Dikastiríon, Haltestelle Platía Aristotélous, Bus 2K, 10, 11, 14, 17, 21, 24, 27, 28, 29, 31, 32, 34, 37, 58, X1/N1, Tel. 2310272919, tägl. 7.30–12 und 17–19 Uhr, Eintritt frei

8 Römisches Forum ★★ [E4]

Ρωμαϊκή Αγορά

Willkommen im Herzen des antiken Thessaloníki. Eher zufällig wurde in den 1960er-Jahren hier, nördlich der Platía Dikastiríon, das erstaunliche römische Forum freigelegt. Auf dem gut zwei Hektar großen Gelände wandelt man durch 2000 Jahre Geschichte und spürt so der Antike nach.

Man betritt das **offene Ausgrabungsgelände** an der Ostseite, von der Odós Agnóstou Stratiótou kommend. Wiederentdeckt wurden Teile des Areals bei **Aufräumarbeiten** im Jahre 1917, nachdem auch hier zahlreiche Gebäude dem Flammeninferno zum Opfer gefallen waren. Doch war vorerst nicht klar, um was es sich bei den verschütteten Gebäuderesten handelte, und zunächst wusste die Stadtverwaltung nicht recht, was sie mit dem Gelände anstellen sollte. Kurzzeitig plante man hier das neue Gerichtsgebäude der Stadt zu erbauen. Glücklicherweise stellten sich die

018tn-dk

020tn-dk

Archäologen jedoch quer und erreichten, dass die Bauvorhaben verworfen wurden und ab 1966 weiter gegraben und geforscht werden durfte. So konnte man wichtige **topografische** und **historische Informationen** über die Stadt und ihre römische Vergangenheit enthüllen. Bei den Arbeiten wurde eine große Anzahl Silbermünzen sowie Stein- und Marmorskulpturen gefunden, die man heute im Archäologischen Museum 27 bestaunen kann.

Das Forum wurde wohl bereits Ende des 1. Jahrhunderts v. Chr. errichtet und war während der römischen Herrschaft neben den Bauten des Kaisers Galerius (s. S. 33) das **Zentrum des politischen und öffentlichen Lebens der Stadt.** Auch damals stellte es eine große Freifläche (sie misst 145 mal 90 m) dar, auf der **vier zweistöckige Stoas** (Säulenhallen) standen, umgeben von eleganten Gebäuden, die den finanziellen Wohlstand der strategisch äußerst bedeutenden Stadt widerspiegelten. Als **Markt- und Warenumschlagplatz** war das Forum mit allen Hauptstraßen verbunden, so auch mit dem Handelsweg **Via Egnatia** – der Hauptverkehrsroute zwischen Rom und Byzanz (dem späteren Konstantinopel bzw. Istanbul) – und natürlich mit der Hauptstraße der Stadt, der Decumanus Maximus. Noch heute lässt sich erahnen, wie herrschaftlich das Forum mit seinen Bögen, Kreuzgängen und Springbrunnen gewesen sein muss.

Im Ostteil befindet sich das **restaurierte Amphitheater** – Odíon genannt – mit seinen raffinierten Mosaikböden und den korinthischen Säulen, aus denen die imposanten zweistöckigen Portiken entstanden sind. Mittlerweile wird das Odíon wieder ab und zu für Konzerte und Theateraufführungen genutzt.

Past meets present: das römische Amphitheater Odíon inmitten der Innenstadt

Von besonderem Interesse ist auch die **Kryptoporticus** genannte, verhältnismäßig gut erhaltene tiefliegende Gewölbepassage an der Südwestseite, die unter Nutzung des natürlichen Gefälles des Bodens angelegt wurde und an deren beiden Seiten sich Tavernen, Läden und Lagerräume befanden. Hier ist eine kleine **unterirdische Ausstellung** untergebracht, die neben interessanten Artefakten und seltenen Bildern auch eine informative Präsentation (auf Griechisch und Englisch) zur Geschichte der Stadt zeigt. Kurz: Wer sich für die römische Epoche Thessaloníkis interessiert, sollte auf den Besuch des Forums – Besuchszeit: etwa eine Stunde – nicht verzichten. Das Ticket gilt auch für die Besichtigung des Galerius-Palastes 12.

› Odós Agnóstou Stratiótou, Haltestelle Platía Aristotélous, Bus 2K, 10, 11, 14, 17, 21, 24, 27, 28, 29, 31, 32, 34, 37, 58, X1/N1, Tel. 2313310400 und 2310221266, Mi–Mo 8.30–15.30 Uhr, Eintritt 4 €, ermäßigt 2 €.

MEIN TIPP

Wo der Bär steppt!

Folgt man der Odós Olímpou vom Römischen Forum 8 nach Nordwesten, erreicht man nach wenigen Metern die für ihre Trödelhändler bekannte Odós Tosítsa [D3], wo man bei Hausnummer 7 durch das Tor auf die kleine Platía Prosfigikís Agorá gelangt. In diesem als **Bit Bazaar** bekannten Innenhof finden sich lebendige Tavernen und Ouzerien, die sich wegen der günstigen Preise besonders bei Studenten großer Beliebtheit erfreuen. Speziell abends und am Wochenende kann es voll werden! Eine gute Option – da zentral gelegen und mit ausreichend Sitzplätzen ausgestattet – unter den Lokalen ist z. B.:

5 [D3] **Paleón Archón**, 7 O. Tosítsa, Tel. 2310227572

9 Agía Sofía ★★★ [E5]

Αγία Σοφία

Geschichte „zum Anfassen" beschreibt wohl am treffendsten, was einen in diesem Gotteshaus aus dem 8. Jahrhundert erwartet. Vielleicht liegt es ja an der Aura eines der wichtigsten Theologen der orthodoxen Kirche, der hier begraben liegt, dass das Gefühl entsteht, man wandle immer noch auf heiligem Terrain. Kein Wunder, dass die UNESCO das Gebäude 1988 zum Weltkulturerbe erklärte.

Knapp einen halben Kilometer südöstlich der Odós Aristotélous 2 steht die der „heiligen Weisheit" geweihte dreischiffige Basilika, die vielleicht **stattlichste Kirche Thessaloníkis.** Der massiv wirkende Gebäudekomplex mit der beeindruckenden, im Durchmesser zehn Meter umfassenden Kuppel wurde im 8. Jahrhundert errichtet, wobei die Hagia Sophia in Konstantinopel als Vorbild diente. Doch dürfte bereits 500 Jahre vorher an dieser Stelle eine Kirche gestanden haben. Archäologische Funde belegen, dass das gesamte Areal durchaus noch früher als Kultstätte genutzt wurde. Als die Kreuzfahrer 1204 die Stadt eroberten, wurde die Agía Sofía sogar zur **Kathedrale von Thessaloníki** erhoben, was sie 40 Jahre später bei der Rückgabe an das Byzantinische Reich blieb.

1523, also etwa 100 Jahre nachdem die Osmanen das „Ruder" übernommen hatten, wurde das Gebäude in eine **Moschee** umgewandelt und um ein mittlerweile nicht mehr existierendes **Minarett** erweitert. Erst nach der Rückeroberung Thessaloníkis im Jahr 1912 wurde das Gotteshaus wieder zur Kirche und gleichermaßen zum **Symbol des griechisch-orthodoxen Erstarkens.**

Dies verdankt sie nicht zuletzt dem Umstand, dass 1359 **Grigórios Palamás** in der Agía Sofía beigesetzt wurde. Der 1297 in Konstantinopel geborene Palamás war einer der **namhaftesten byzantinischen Theologen** und wurde später Erzbischof der Stadt. Er wurde 1368 heiliggesprochen und zählt aufgrund seiner als **Palamismus** bezeichneten Lehre zu den wichtigsten Vordenkern der orthodoxen Kirchen. Beim Palamismus wird strikt zwischen einem prinzipiell unzugänglichen Wesen Gottes und seinen durchaus erkennbaren Energien unterschieden. Diese Auffassung prägt bis heute das Gottesbild in der griechisch-orthodoxen Theologie.

Architektonisch stellt die Agía Sofía ein seltenes Beispiel einer **gewölbten Kreuzbasilika** dar.

Wer die fast quadratisch angelegte Kirche besucht, sollte speziell auf ihr reich verziertes Inneres achten, zum Beispiel auf das Bildnis der Jungfrau mit Kind in der Apsis des Chores oder die Darstellung der Heiligen in der Narthex (Vorhalle). Das Meisterstück bildet jedoch das Kuppelmosaik, das die **Himmelfahrt Christi** zeigt, wobei dieser in einem Lichtkreis sitzend von Engeln getragen und von Maria sowie den Zwölf Aposteln umringt ist. Dies ist gerade deswegen bemerkenswert, weil die Kirche im Zuge des byzantinischen Bilderstreits ursprünglich nur mit einfachen Goldmosaiken und einem großen Kreuz verziert war, da vorerst die Ikonoklasten – die Gegner der Bilderverehrung – die Gestaltung bestimmten. Erst als sich die Ikonodulen (Bildnisverehrer) durchsetzen, wurde in den Jahren 787–797 das besagte Mosaik geschaffen.

Noch nicht genug der frühchristlichen Geschichte? Unmittelbar hinter der Kirche befinden sich die **Kata-**

021tn-sb

komben von Johannes dem Täufer. Etwa fünf Meter unter dem Straßenniveau steht eine **kleine Kirche** mit angeschlossener **Krypta**, die wohl Teil eines antiken Klosters war. Bevor hier die ersten Christen Taufen und Messen hielten, gehörte das Areal zu einem weit größeren **Aquäduktsystem**, das von den Römern angelegt worden war.

› **Agías Sofía,** Platía Agías Sofías, Haltestelle Agías Sofías, Bus 2K, 10, 11, 14, 17, 27, 28, 31, 37, 39, N1, Tel. 2310270253, www.agiasofia.info, April–Sept. tägl. 7–13 und 17–18.30 Uhr, Okt.–März tägl. 7–12 und 17–18.30 Uhr, Eintritt frei

› **Katakomben von Johannes dem Täufer,** Platía Agías Sofías, Tel. 6947158312, tägl. 7.30–12.30 und 17–18.30 Uhr, Eintritt frei

10 Rotónda ★★ [F5]

Ροτόντα

Der ursprünglich als Mausoleum für den römischen Kaiser Galerius (s. S. 33) errichtete Rundbau aus Backstein wurde gegen Ende des 4. Jahrhunderts als Kirche geweiht. Damit ist sie eine der ältesten weltweit und ein Beispiel frühchristlicher Kunst. Für Besucher etwas Besonderes sind, neben der Architektur, die atemberaubenden Mosaike auf Goldgrund in der im Durchmesser 25 m umfassenden Kuppel.

Es dürfte wohl Kaiser Galerius selbst gewesen sein, der im Jahre 306 n. Chr. den Auftrag zum Bau seines **Mausoleums** gegeben hatte. Das knapp 30 m hohe stattliche Gebäude aus massivem Ziegelmauerwerk – die Wände haben eine erdbebensichere Dicke von 6,30 Metern – war dabei ein architektonischer Meilenstein, galt die **Ziegelkuppel doch als damals größte der Welt.** Vorbild war das Pantheon in Rom und gewidmet war der Bau dem mächtigen Gott Jupiter. Doch Galerius wurde letztlich gar nicht in Thessaloníki beigesetzt, sondern in der Nähe seines Heimatorts in Ostserbien.

Die Rotónda wurde Jahre später unter Kaiser Theodosius I. (347–395) zur **Kirche** umfunktioniert und mit **prächtigen Mosaiken** ausgeschmückt. Anders als der als „Christenverfolger" verschriene Galerius folgte Theodosius I. nämlich der Lehre der Bibel und war maßgeblich daran beteiligt, den Glauben Christi zur **Staatsreligion** zu erklären. Weitere Anbauten wie die Vorhalle und die Apsis, in der sich jahrhundertelang der Altar befand, folgten.

1524 wurde das Gebäude zur Mitrópolis (eine Art Kathedrale) erklärt und im Jahr 1590 in eine **Moschee** umgewandelt, erweitert um das **Minarett,** das selbst heute noch – wenn auch stark beschädigt – steht. Der türkische Name Hortaç Süleyman Efendi Camii war eine Hommage an den spirituellen Meister eines Derwischordens aus dem nahegelegenen Chortiátis (auf Türkisch Hortaç). Die verbliebenen Christen der Stadt retteten die kostbaren Ikonen und sonstigen Devotionalien in die kleine gegenüberliegende Kapelle **Ágios Geórgios** (nur selten geöffnet), die zumindest in der restlichen christlichen Gemeinde stellvertretend für das Hauptgebäude stand. Und wie so vieles in der neueren Stadtgeschichte ist auch die Geschichte der Rotónda kompliziert: Zwar wurde sie 1912 mit der Wiedereingliederung

◁ Symbol des Erstarkens der Griechisch-Orthodoxen Kirche: die Agía Sofía 9

Thessaloníkis in den griechischen Staat zur orthodoxen Kirche erklärt, doch schon fünf Jahre später entschied man sich, sie zu einem **Museum** umzufunktionieren. Dies geschah auch deshalb, weil sie von ihrem historischen Ursprung her heidnisch war – sehr zum Leidwesen des Klerus, der in ihr ein Sinnbild des christlich geprägten Griechenlands sah und 1920 zeitweise symbolträchtig **Flüchtlinge aus Kleinasien** in ihr unterbrachte. Der Streit zwischen Kirche und Stadtverwaltung wurde erst 1999 durch einen Kompromiss entschieden, wonach die Rotónda zwar ein **Museum frühchristlicher Kunst** darstellt, jedoch hier nun sporadisch **Gottesdienste** abgehalten werden dürfen.

In diesem Geiste wurde auch der angesprochene **Altar** wieder geweiht. Ob also zur Messe oder zum einfachen Ausstellungsbesuch, man sollte auf keinen Fall verpassen, die **wunderbaren Mosaike** im Innern des Gebäudes zu bestaunen. Sie gelten als die **ältesten ihrer Art im christlichen Osteuropa.** Es finden sich Ornamente, Pflanzen, Tiere, aber auch aufwendig geschaffene Abbilder von Märtyrern, Aposteln und Engeln, die teilweise vor **fantastisch anmutenden** Kulissen platziert sind. Zwar ist nicht alles problemlos zu identifizieren – so ist das Bildnis Christi verblichen – doch bedenkt man das Alter der Mosaike, so ist es erstaunlich, dass sie überhaupt noch erkennbar sind. Die vorerst letzten Restaurierungsarbeiten im Innern des **UNESCO-Weltkulturerbes** wurden 2016 abgeschlossen, doch hier und da wird immer wieder ausgebessert.

In seiner Ursprungsform war die Rotónda durch eine 125 m lange, mit **Säulen flankierte Prozessionshalle** mit dem Galerius-Bogen ⓫ verbunden, die etwa dort stand, wo heute parallel zur Odós Dimitríou Goúnari die Fußgängerzone verläuft.

› Platía Agíou Georgíou, Haltestelle Kamára, Bus 2K, 10, 11, 14, 17, 24, 27, 28, 31, 37, 39, 58, X1/N1, Tel. 2310204868 und 2310213627, Di–So 8.30–15.30 Uhr, Eintritt 2 €, erm. 1 €, Kombiticket für Rotónda, Weißen Turm ㉕, Archäologisches Museum ㉗ und Museum der byzantinischen Kultur ㉘ erhältlich (s. S. 110)

Über 1700 Jahre Geschichte: die stattliche Rotónda ⓾ mitsamt dem angebauten Minarett

11 Galerius-Bogen ★ [F6]

Αψίδα του Γαλέριου

Berlin hat das Brandenburger Tor, Paris den Arc de Triomphe und Thessaloníki? Richtig, den Galerius-Bogen! Errichtet Anfang des 4. Jahrhunderts in Erinnerung an den Feldzug gegen den Perserkönig Narseh (auch Narses oder Narseus genannt) und die vernichtende Schlacht von Satala, zeigt er reliefartige Szenen der ruhmreichen Siege des Kaisers Galerius.

Mit 15 m an seiner höchsten Stelle sieht man das meist *Kamára* (Bogen) genannte Bauwerk von praktisch überall in diesem Abschnitt der Unteren Altstadt. Das war auch so gedacht, denn der ursprünglich aus vier Pfeilern bestehende Prachtbau sollte etwas **Feierliches und Ermahnendes** zugleich haben. Es haben sich zwar nur noch zwei Hauptpfeiler erhalten, doch mit einer Breite von 30 m ist der vorrangig aus Backstein bestehende Triumphbogen nach wie vor eindrucksvoll.

Galerius gab diesen wohl in Auftrag, als er noch Caesar unter Kaiser Diokletian war, also nicht über das gesamte Imperium herrschte. Die Position des Bogens hier an der **Odós Egnatía** kommt nicht von ungefähr, denn die Straße, die heute scheinbar nur eine weitere Verkehrsader der Stadt bildet, war in der Antike die Hauptverbindung zwischen Konstantinopel im Osten und Dyrrhachium (das heutige Durrës) an der albanischen Adriaküste. Dort fuhren Schiffe nach Brindisi ab, von wo aus die Via Appia nach Rom verlief. Somit war die strategische Bedeutung des Bauwerks klar: Wer durch Thessaloníki kam, sollte unweigerlich von der Grandeur des Galerius erfahren.

Galerius

Immer wieder trifft man in Thessaloníki auf seinen Namen: Gaius Galerius Valerius Maximianus, kurz Galerius. Geboren 250 n. Chr. als armer Hirtensohn im heutigen Ostserbien, begann er unter Kaiser Aurelian eine militärische Laufbahn in der römischen Armee und stieg dabei schnell zu höchsten Ehren auf. Im Alter von 43 Jahren wurde er von Kaiser Diokletian im Zuge der Tetrarchie genannten Viererherrschaft zum Mitkaiser (Caesar) für den Osten des Reiches ernannt und führte in dieser Position erfolgreiche Feldzüge, unter anderem in Ägypten sowie gegen die Sassaniden in Armenien, Mesopotamien und Persien.

Als Galerius Diokletian im Jahr 305 n. Chr. als Kaiser ablöste, herrschte er über ein Gebiet, das weite Teile des Balkans und Kleinasiens umspannte. Er residierte dabei hauptsächlich in Thessaloníki. Nicht gut gesonnen war er den Christen, die er zu Lebzeiten brutal verfolgen ließ und denen er erst 311, kurz vor seinem Tod, mit einem Toleranzedikt erlaubte, ihre Religion auszuüben. Im selben Jahr starb Galerius, wahrscheinlich an einer pestähnlichen Krankheit, im heutigen Sofia (Bulgarien) und hinterließ ein Machtvakuum, das letztlich zum Ende der erwähnten Tetrarchie führte und somit eine Staatskrise im Reich auslöste. Heute noch zu besichtigende Gebäude in Thessaloníki, die unter Galerius errichtet wurden, sind vor allem die Rotónda 10, der Galerius-Bogen 11 und die Überreste seines Palastes 12.

Zeitweise erhoben sich wohl zusätzlich Tonnengewölbe über den Bogen, die wiederum von einer gewaltigen Kuppel überdacht waren, denn er bildete auch das Tor zum kaiserlichen Palastbezirk ⓬.

Heutzutage schenken die meisten Passanten dem „Steinklotz" nur wenig Aufmerksamkeit, doch es ist sinnvoll, für einen Moment stehen zu bleiben und die **Reliefs aus Marmor und Spolien** (Baureste aus noch älteren Konstruktionen) zu betrachten. Zwar sind diese nicht mehr überall gut zu erkennen, doch man sollte versuchen, dem Zyklus der römischen Ziffern zu folgen, die in szenenhaften Einzelbildern wie ein Comic den Ablauf der Kriege gegen die Perser, den triumphalen Sieg der Römer, die Gefangennahme persischer Soldaten und die Kapitulation der Gegner zeigen. Im Detail geht es um den römischen Feldzug gegen den aus dem Sassanidengeschlecht stammenden **Perserkönig Narseh** (228/233–302 n. Chr.), der im Jahr 297 mit einer gewaltigen Armee den Tigris überquert und somit das Gleichgewicht der Großmächte gestört hatte. Galerius forderte die Perser zur Schlacht heraus, ohne dabei jedoch das vorherige Einverständnis des Kaisers Diokletian – der gleichzeitig sein Schwiegervater war – einzuholen. Zwar erlitten die Römer zunächst eine Niederlage, doch aus dieser ging Galerius erstarkt hervor und zog sich nach Armenien zurück. Wenige Monate später schlug das römische Heer die Perser in der **Schlacht von Satala** (im heutigen Ostanatolien) vernichtend. Besonders erniedrigend für Narseh war, dass es den Truppen des Galerius sogar gelang, den Harem samt der Frauen und Töchter des Königs gefangen zu nehmen. Narseh war in der Folge gezwungen, mehrere mesopotamische Provinzen an die Römer abzutreten und ihre Oberherrschaft über Armenien anzuerkennen. Galerius hingegen wurde zum Helden!

› Odós Egnatía/Ecke Odós Dimitríou Goúnari, Haltestelle Kamára, Bus 2K, 10, 11, 14, 17, 24, 27, 28, 31, 37, 39, 58, X1/N1

MEIN TIPP

Die Lebensgeister wecken!

Auf dem Weg vom Galerius-Bogen ⓫ zum Galerius-Palast ⓬ kann man einen kleinen Abstecher zu Blendair einlegen. Hier auf der schnuckeligen **Platía Navarínou** gibt es nämlich wunderbare frisch gepresste Fruchtsäfte. Zu späterer Stunde wird die Gegend zu einem beliebten Treffpunkt für Nachteulen, mit Bars und Restaurants, die bis frühmorgens geöffnet haben.

❍6 [F6] **Blendair,** 17 Platía Navarínou, Tel. 2310222960, tägl. 24 Std.

⓬ Galerius-Palast ★★ [E6]

Ανάκτορα του Γαλέριου

Der Galerius-Palast ist eines der bedeutendsten spätantiken Denkmäler Thessaloníkis und das einzige dieser Epoche in Europa, das in erkennbarer Form in einem solchen Ausmaß erhalten ist. Nach dem Motto „Weck den Archäologen in dir!" spaziert man hier auf Holzstegen durch die eindrucksvollen Ausgrabungen.

Wer die Rotónda ⓾ und den Triumphbogen ⓫ besucht hat, dem dürfte klar sein, dass Kaiser Galerius einen Hang zur Dekadenz hatte. Dass sein Palast hierbei keine Ausnahme bilden durfte, ist leicht nachzuvollziehen. Heutzutage ist ein bedeutender, wenn auch vom Ausmaß her begrenzter Teil des ehemaligen

Palastkomplexes sichtbar und für die Öffentlichkeit zugänglich. Die Ruinen befinden sich in dem etwa 8000 m² großen abgegrenzten **archäologischen Areal** an der Platía Navarínou, umringt von hohen Wohngebäuden, Geschäften und Lokalen, in denen das Leben pulsiert. Zu sehen sind Überreste einer an eine Basilika erinnernden **ovalen Halle** mit einer Apsis auf der Nordseite, **Mauerreste eines Badehauses**, das **Fundament des rechteckigen Hauptgebäudes** mit seinen elf Räumen, die um einen Innenhof angelegt sind, und ein noch recht intaktes **zweistöckiges Haus,** in dem sich eine Regenwasserzisterne befindet.

Im südwestlichen Teil des Areals sieht man außerdem Reste des sogenannten **Oktagons,** eines achteckigen Thronsaals. Überall inmitten der meist aus rotem Backstein gebauten Mauern finden sich mehr oder weniger gut erhaltene **Mosaikfußböden** und **Säulen.** Was vielleicht auf den ersten Blick nicht mehr als ein Haufen Trümmer wirkt, ist in Wirklichkeit ein **archäologisches Schlaraffenland** mitten im Zentrum einer seit mehr als 2300 Jahren durchgängig bewohnten Stadt. Erstaunlich ist in diesem Zusammenhang, dass der Palast wohl selbst nach dem Ableben des Galerius (311 n. Chr.) noch für weitere drei Jahrhunderte das **Machtzentrum Thessaloníkis** darstellte, später aber wahrscheinlich zum Steinbruch degradiert wurde.

Wie so vieles in der Stadt, das für geraume Zeit in Vergessenheit unter der Erde schlummerte, wurde auch der Galerius-Palast im Zuge der Bautätigkeit nach dem großen Feuer von 1917 wiederentdeckt. In den folgenden Jahrzehnten unterstützten Archäologen aus aller Welt ihre griechischen Kolleginnen und Kollegen bei den akribischen **Ausgrabungen und Restaurierungsarbeiten** des gesamten, *Galerianó Synkrótima* bezeichneten Komplexes, die noch lange nicht abgeschlossen sind. Wenig weiß man z. B. über das südöstlich des Oktagons liegende **Ippodromíou,** die 220 m lange und eine Fläche von etwa 35.000 m² umfassende Pferderennbahn, die wohl bis ins 6. Jh. bestand, heute jedoch weitestgehend unter der Stadt ruht. Ein Überrest des Sphendóni genannten **Zuschauereingangs** findet sich auf der nahegelegenen Platía Fanariotón. Wer die Ausgrabungen des Palastes besucht (Besuchszeit je nach Interesse 30 bis 60 Min.), braucht etwas **Fantasie,** um sich die Ausmaße der Bauwerke vorzustellen. Immerhin sind Informationen an den einzelnen Abschnitten – auf Griechisch und Englisch – angebracht, die auch für Laien aufschlussreich sind.

› Ecke Platía Navarínou/Odós Lórdou Víronos, Haltestelle Kéndro Istorías Thessaloníkis, Bus 3K, 5, 6, 12, 33, 58, Tel. 2313310400, http://galeriuspalace.culture.gr/en, Di–So 8.30–15 Uhr, Eintritt 4 €, ermäßigt 2 €. Das Ticket gilt auch für einen Besuch des Römischen Forums 8.

MEIN TIPP

Der Klang der Stadt

In dieser kleinen Ouzerie mit wenigen Tischen gibt es dieselben Mezédes wie anderswo. Ganz besonders ist das Lokal wegen seiner **Rebétiko-Livekonzerte** (Mi–So), bestritten vom Betreiber Pantelis Chatzikiriakos selbst und anderen Künstlern. Noch mehr Thessaloníki-Feeling geht nicht. Eine vorherige Reservierung wird empfohlen.

› **Tobourlíka** €-€€, 5 O. Lórdou Víronos, Tel. 2310548193

Das Hafenviertel, Ladádika und der Westen

„To Limáni tis Thessaloníkis" – der Hafen von Thessaloníki – ist nicht nur einer der größten Griechenlands, sondern auch der wichtigste Freihafen des südlichen Balkans. Eindrucksvoll ist seine Funktion als Fracht- und Containerhafen: Auf etwa 155 ha Fläche und 6,2 km Pierlänge weist er ein jährliches Frachtvolumen von stolzen 18 Mio. Tonnen und etwa 300.000 Containern auf. Von hier aus gibt es regelmäßige Fährverbindungen zu einigen Inseln der Ägäis und es legen Kreuzfahrtschiffe aus aller Welt an. Neben dem Abschnitt der gewerblichen Personenschifffahrt wartet das Freizeitgelände Pier 1 ⑬ mit seinen Museen auf. In dem Gebiet direkt oberhalb des Hafens liegt das für sein Nachtleben bekannte Szeneviertel Ladádika ⑭, an das sich im Norden Vardáris anschließt, ein Stadtteil, der besonders für die jüdische Gemeinde der Stadt von großer Bedeutung war; Informationen hierzu finden sich u. a. im Jüdischen Museum ⑮. Nordwestlich von Vardáris befindet sich das alte Lazaristenkloster Moní Lazaristón ⑯, in dem heute ein hippes Kultur- und Veranstaltungszentrum einquartiert ist.

⑬ Pier 1 ★★ [B5]

Προβλήτα Α΄

Wo kann man schon Kunst genießen, wo ehemals Schiffe anlegten, wo bei einem Kaffee oder Cocktail die Zeit vergessen, wo früher Waren aus Übersee die Besitzer wechselten? Seit Thessaloníki 1997 Europas Kulturhauptstadt war, steht die Hafenmole mit ihren zu Museen umgewandelten Lagerhallen für ein spannendes Zusammenspiel aus Kunst- und Industriedesign.

Folgt man ab der Platía Aristotélous ① der Küstenstraße Leofóros Níkis nach Nordwesten, sieht man sofort den über 300 m langen Pier 1, der auf Griechisch *Provlíta A* genannt wird und an dessen Westspitze noch ein **alter Verladekran** in den Himmel ragt. Die Ernennung von Thessaloníki zur **Europäischen Kulturhauptstadt 1997** veranlasste die Stadtverwaltung, hier, inmitten des Hafenareals, eine **tiefgreifende Umstrukturierung** vorzunehmen. In den Jahrzehnten zuvor war der „alte Hafen" mit seinen stattlichen Lagerhallen nämlich nichts weiter als ein heruntergekommenes Viertel, das alles andere

023tn-sb

als repräsentativ für die Stadt und den meisten Bewohnern ein echter Dorn im Auge war. Es mag nicht nur an der **atemberaubenden Lage** am Thermaischen Golf mit Blick auf die gegenüberliegende Gebirgskette liegen, sondern auch an der gekonnten Umsetzung des Projekts, dass sich der Pier 1 in kürzester Zeit zu einer echten „Landmark“ der Stadt entwickelt hat!

Die **Lagerhalle A1** beherbergt das **Cinema Museum** (s. S. 68) mit kleiner Ausstellung zur nationalen Filmindustrie samt Fotos, Plakaten und alter Filmtechnik. Hier und im Kino nebenan finden alljährlich Veranstaltungen des **Internationalen Filmfestivals** (s. S. 94) statt. Regisseure, Produzenten, Schauspieler und Journalisten aus aller Welt strömen dann in die Stadt und verleihen ihr einen Hauch von Glamour, der an ihre bunte Vergangenheit erinnert. Ebenso befinden sich hier das **Museum für Fotografie** (s. S. 70) und in der gegenüberliegenden Lagerhalle B1 das **MOMus-Experimental Center for the Arts** (s. S. 70). Neben wechselnden Ausstellungen ist es auch der primäre Austragungsort der alle zwei Jahre stattfindenden **Biennale** (s. S. 93).

Doch der Pier 1 erfreut sich nicht nur bei Kunstfans größter Beliebtheit! Gerade zum **Sonnenuntergang** strömen neben fotowütigen Touristen auch Familien mit Kindern, verliebte Pärchen und alle anderen hierher, die das herrliche Schauspiel bewundern wollen, wenn der Feuerball hinter dem Olymp versinkt und das Meer orange färbt.

◁ Hafenstimmung für Kunstbegeisterte: der Pier 1 mit dem alten Verladekran

Wen nach all diesen Eindrücken der Durst oder Hunger plagt, der könnte in der schick designten **Kitchen Bar** (s. S. 80) einkehren oder, falls hier kein Platz frei sein sollte, wieder auf die lebendige Leofóros Níkis zurückkehren, auf der ein Lokal neben dem anderen angesiedelt ist. Diese eignen sich ebenfalls bestens als „Poleposition“ für den Sunset-Downer. Auf dem Weg hierher sollte man nicht das **Holocaust-Mahnmal** auf der Platía Eleftherías – dem Freiheitsplatz – übersehen.

› Limáni/Leofóros Níkis, Haltestelle Platía Elefthérias, Bus 5, 6, 33, 35

14 Ladádika ★★★ [B5]

Λαδάδικα

Lust auf Relaxen in traditionellen Ouzerien und Tavernen? Oder lieber in coolen Bars feiern? Kein Problem, denn im Szeneviertel Ladádika ist beides möglich. Wo früher Olivenölhändler und Prostituierte um die Gunst der Kunden buhlten, frönt man heute dem Dolce Vita inmitten des Flairs des ausgehenden 19. Jahrhunderts.

Unmittelbar nördlich des Hafenareals schließt sich das Ladádika genannte Viertel an. Seinen Namen hat es vom griechischen *Ládi* („Öl“), denn hier befand sich früher Thessaloníkis **Hauptumschlagplatz für Olivenöl.** Ladádika war über Jahrhunderte ein **vorrangig jüdisches Viertel**, das in Anlehnung an das Ladino genannte „Judenspanisch“ – vormals die Hauptverkehrssprache in der gesamten Hafengegend – scherzhaft auch „Ladinoka“ genannt wurde. Während des **Ersten Weltkriegs** strömten Soldaten der Entente – das Bündnis aus Frankreich, Großbritannien und bis 1917 auch Russland, das gegen

024tn-sb

Deutschland, Österreich-Ungarn und das Osmanische Reich kämpfte – in die Stadt, darunter viele aus den Kolonien in Indien, Indochina und Westafrika. Cafés und Kabaretts wurden eröffnet, die Prostitution blühte und Ladádika wurde zum **Inbegriff des verruchten Nachtlebens.**

Während der deutschen Besatzung im Zweiten Weltkrieg und der damit verbundenen brutalen **Dezimierung der jüdischen Bevölkerung** nahm das „Highlife" ein jähes Ende und Ladádika verkam in der Folge zu einem gescheiterten Stadtteil, behielt aber größtenteils seine **architektonisch einmalige Bausubstanz** aus dem 19. Jahrhundert. Dies ist vor allem durch die Nähe zum Hafen bemerkenswert, weil die **Zerstörungswut** der Wehrmacht zu Kriegsende apokalyptisch war. Um die Landung alliierter Truppen zu verhindern, sprengten deutsche Einheiten auf ihrem Rückzug alle strategisch wichtigen Gebäude entlang der Mole und versenkten Schiffe an den Hafeneingängen. Dies versetzte der lokalen Wirtschaft einen **verheerenden Schlag** und veranlasste viele Thessaloniker nach dem Krieg dazu, ihre Geschäfte nach Athen, Piräus oder ins Ausland zu verlagern.

Bereits ab den 1980er-Jahren erkannte das Ministerium für Kultur das **kolossale Potenzial** des Viertels. Doch erst als Thessaloníki 1997 zur Europäischen Kulturhauptstadt wurde, fand hier eine weitreichende **Gentrifizierung** statt und man wertete Ladádika auf. Die ehemaligen Geschäftshäuser der Olivenölhändler wurden **aufwendig restauriert** und die schmalen Gässchen, die sternförmig um die zentrale Platía Morichóvou angeordnet sind, wurden neu gepflastert und verkehrsberuhigt. Im Lauf der letzten Jahre hat sich das Viertel außerdem zu einem **avantgardistischen Zentrum** gemausert, mit einer hohen Dichte an **Bars und gemütlichen Restaurants** sowie einer Handvoll **Geschäften** und **Galerien.** Es ist eine echte Wohltat, sich hier einfach etwas treiben zu lassen, um danach zur Erfrischung und leiblichen Stärkung zum Beispiel im Charoupi (s. S. 73) oder Zýthos (s. S. 74) einzukehren. Ob also tagsüber zu einem entspannten Spaziergang oder abends auf der Suche nach der perfekten Nightlife-Location, das **Viertel** kann getrost als **eines der sehenswertesten der Stadt** bezeichnet werden.

› Zugang u. a. von der Leofóros Níkis oder der Odós Tsimiskí, Haltestelle Platía Emporíou oder Platía Eleftherías, Bus 3K, 5, 6, 12, 16, 23, 33, 35

Entspannung pur: ob am Pier 1 ⑬ oder in Ladádika ⑭, das nächste Lokal ist nie weit

15 Jüdisches Museum ★ [C5]

Εβραϊκό Μουσείο

Zwischen dem 16. und dem frühen 20. Jahrhundert war Thessaloníki die **einzige Stadt Europas, in der Juden die Mehrheit der Bevölkerung ausmachten.** Die allermeisten unter ihnen waren Sepharden, also jene, die sich im Zuge der Vertreibung aus Spanien 1492 hier und in weiteren Teilen des Osmanischen Reichs angesiedelt hatten (s. S. 40). Das Jüdische Museum spürt der Geschichte der sephardischen Juden nach und gibt Aufschluss darüber, welch riesigen Beitrag sie bei der Entwicklung und Blüte der Stadt leisteten.

Erst im Jahr 2001 wurde das zweistöckige Jüdische Museum – Besuchszeit: etwa eine Stunde – hier zwischen Ladádika 14 und dem Kapáni-Markt 4 errichtet, gerade einmal einen Steinwurf von der **Synagoge Yad LeZikaron** entfernt. Die Eröffnung des Museums geht massiv auf das persönliche Engagement des langjährigen Präsidenten der jüdischen Gemeinde der Stadt, **Andréas Sefichá** (1929–2007), zurück. Die sephardische Familie Sefichá war über viele Generationen vor dem Zweiten Weltkrieg in Thessaloníki ansässig und überlebte die deutsche Besatzung mit viel Glück in einem Versteck in Árgos. Nach dem Krieg zählten sie zu den wenigen Juden, die zurück in die Stadt kamen und versuchten, sich hier ein neues Leben aufzubauen. In diesem Geiste entstand auch die Idee zu diesem Museum, dessen **Sammlung** in erster Linie an die jüdische Präsenz in Thessaloníki vom 2. Jahrhundert v. Chr. bis zum Zweiten Weltkrieg erinnern soll.

Die Sammlung umfasst u. a. die im EG ausgestellten **massiven Steinplatten mit hebräischen Inschriften**, die einst in der großen jüdischen Nekropole östlich der Stadtmauer gefunden wurden. Im ersten Stock sieht man allerlei Dokumente, Ritualgegenstände und Fotos aus der **Blütezeit der jüdischen Gemeinde** und eine separate Ausstellung befasst sich mit ihrer **brutalen Verfolgung während der deutschen Besatzung.**

Zum Museum gehören ein **Gedenkraum** für die Holocaustopfer der Stadt, ein kleiner **Buchladen**, eine **Bibliothek** sowie ein **Forschungs- und Dokumentationszentrum.** Das Ticket erlaubt auch den Besuch der **Synagogen** Monastiriotés und Yad LeZikaron.

› 11 Odós Agíou Miná, Haltestelle Venizélou oder Platía Emporíou, Bus 3K, 12, 16, 23, 58, Tel. 2310250406, www.jmth.gr, Mo–Fr und So 10–14, Mi auch 17–20 Uhr, Eintritt 7 €, ermäßigt 3 €

★7 [C3] **Monastiriotés-Synagoge**, 35 O. Siggroú, Di und Do–Sa 9–17 Uhr

★8 [C5] **Yad LeZikaron**, 26 O. Vasiléos Iraklíou, Mo–Fr und So 10–14 Uhr

025tn-dk

› *Zeugnisse einer vergangenen Zeit: auf Spurensuche im Jüdischen Museum*

Saloník – la Madre de Israel

Man nimmt an, dass es in Thessaloníki bereits seit dem 2. Jahrhundert v. Chr. Juden gab. Diese kamen zusammen mit den Römern nach deren Besetzung Palästinas. Auch aus der Zeit der byzantinischen Herrschaft gibt es Urkunden, die von jüdischem Leben in der Stadt berichten. Doch es war ein Ereignis auf der anderen Seite des Mittelmeeres, das Thessaloníki für Jahrhunderte zur einzigen Stadt Europas machen sollte, die mehrheitlich jüdisch besiedelt war.

Durch das Alhambra-Edikt von Königin Isabella von Kastilien und König Ferdinand II. von Aragón im Jahre 1492 wurden die Juden Spaniens – auf Hebräisch Sefaradim genannt – vor die Wahl gestellt: Zwangstaufe zum Katholizismus, Vertreibung oder Hinrichtung. Sultan Bayezid II. (1447–1512) öffnete die Grenzen für die Flüchtenden und erlaubte es ihnen, sich im Osmanischen Reich anzusiedeln. Neben Istanbul, Izmir, Sarajevo, aber auch Bagdad und Aleppo war es v. a. Thessaloníki, das den Juden eine lebenswerte Alternative zu ihrer verlorenen Heimat bot. Bereits 1520 war mehr als die Hälfte der Einwohner jüdischen Glaubens. Die Juden profitierten von den Privilegien des osmanisch-islamischen Rechts, das ihnen als geschützte Minderheit eine gewisse Autonomie zusicherte. Das kulturelle Leben der Gemeinde blühte über die nächsten Jahrhunderte hinweg. Der Shabbat war der allgemeine Ruhetag, es gab zahllose Synagogen, Bethäuser, Talmudschulen, koschere Geschäfte und sogar Zeitungen in der Umgangssprache der Bewohner, dem Ladino, Djudezmo oder „Judenspanisch“ genannten kastilischen Spanisch, das mit hebräischen, türkischen, italienischen und französischen Lehnwörtern durchsetzt ist. Inoffiziell wurde Thessaloníki – oder Saloník wie es auf Ladino heißt – entsprechend als „la Yerushalayim de los Balkanes“ („das Jerusalem des Balkans“) oder „la Madre de Israel“ („die Mutter Israels“) bezeichnet.

Als die Stadt im Ersten Balkankrieg 1912 an Griechenland fiel, wurden die Juden zwar zu gleichwertigen Bürgern, verloren damit aber eben jene Privilegien, die ihnen unter den Osmanen jahrhundertelang zu Wohlstand und Ansehen verholfen hatten.

Durch den Großbrand von 1917 und die damit verbundene Emigration vieler Bürger der Stadt sowie ab 1923 die Zwangsumsiedlung von Griechen vom Schwarzen Meer und aus Kleinasien nach Thessaloníki änderte sich das demografische Verhältnis. Während um 1880 etwa 50.000 der 85.000 Einwohner zählenden Stadt Juden waren, waren es 1940 nur noch ca. 45.000 (bei einer Bevölkerung von über 226.000 Bewohnern). Bereits in den 1930er-Jahren gab es antisemitische Ressentiments, doch endete die Blütezeit der Gemeinde abrupt im Mai 1941 mit der Ankunft der deutschen Wehrmacht. In Folge stand die systematische Verfolgung und Ausrottung der jüdischen Bevölkerung der Stadt auf dem Plan. Nicht einmal 2000 Thessaloniker Juden überlebten, die Übrigen starben, teilweise als Zwangsarbeiter in malariaverseuchten Gebieten des Landes, zumeist jedoch in den Konzentrationslagern, v. a. in Auschwitz-Birkenau.

Nach dem Krieg zeigten sich die diversen griechischen Regierungen äußerst verhalten, wenn es um die Aufarbeitung der Judenverfolgung ging, wurde diese doch vorrangig als „deut-

072tn-dk

sches Problem" dargestellt, an der Griechen angeblich keine Mitschuld trügen. Erst seit ein paar Jahren verschiebt sich die öffentliche Wahrnehmung, beispielsweise wird offen darüber gesprochen, dass die Aristoteles-Universität der Stadt auf dem ehemaligen, auch von Griechen geschändeten jüdischen Friedhof steht. In diesem Geiste wurde das Holocaust-Mahnmal auf der Platía Eleftherías angelegt und seit 2016 arbeitet man an der Eröffnung eines Holocaust-Museums (s. S. 68) dort, wo früher die Züge in die Konzentrationslager abfuhren.

Heutzutage hat die jüdische Gemeinde in Thessaloníki gerade einmal 1500 Mitglieder, es gibt zwei Synagogen, eine Handvoll Vereine und ein Altersheim. Erste Anlaufstelle für Interessierte, die der Vergangenheit der Gemeinde nachspüren wollen, ist das Jüdische Museum ⑮.

★9 [B5] **Holocaust-Mahnmal,** Platía Eleftherías

⊡ *Blick auf das Holocaust-Mahnmal*

⑯ Moní Lazaristón ★ [be]

Μονή Λαζαριστών

Lust auf Theateraufführungen, Konzerte, Ausstellungen oder andere Veranstaltungen? Nichts leichter als das! Im ehemaligen Lazaristen-Kloster befindet sich heute ein Mehrzweckkulturzentrum.

Das Moní Lazaristón ist ein **ehemaliger Klosterkomplex** im Stadtteil Stavroúpoli, der 1886 von Mönchen des Ordens des Vinzenz von Paul erbaut wurde. Entsprechend ihrem Hauptquartier in der Kirche St. Lazarus in Paris nannten sich die Mitglieder des Ordens **Lazaristen.** Bereits ab 1788 waren sie – von den Osmanen geduldet – in Thessaloníki tätig und kümmerten sich um die Katholiken der Stadt. Diese waren in erster Linie Angehörige **slawischsprachiger Minderheiten.** Im Lauf des 19. Jahrhunderts sah der Orden, außer in der **Fürsorge für die Armen und Waisen** sowie der Ausbildung von Geistlichen sein Ziel vorrangig darin, von Thessaloníki aus **Balkanslawen zu missionieren.** Doch mit dem immer stärker werdenden **Nationalismus** und letztendlich bedingt durch die beiden **Balkankriege 1912 und 1913** sank der Anteil der slawisch-katholischen Bevölkerung in der Stadt.

Seitdem hat das Gebäude **verschiedene Nutzungen** erfahren, z. B. war es im Ersten Weltkrieg ein französisches Lazarett. Während des Griechischen Bürgerkriegs (1946–1949) und in Folge der türkischen Pogrome von 1955 wurden hier Flüchtlinge beherbergt, die bis 1978 im Gebäude lebten, als es durch das große Erdbeben teilweise zerstört wurde. 1980 wurde es aufgrund seiner historischen und architektonischen Bedeutung unter Denkmalschutz gestellt und 1983 zum 2300-jährigen Jubiläum der Stadt vom griechischen Staat gekauft und zum **Kulturzentrum** ernannt.

Heute sind hier u.a. eine **Außenstelle des Nationaltheaters Nordgriechenlands** sowie das **Staatliche Symphonieorchester** untergebracht. Im Rahmen des **Moní Lazaristón Festivals** (s.S. 93) finden regelmäßig Konzerte, Theaterstücke und weitere Events statt. Wer das Anwesen tagsüber besucht, der sollte dem **Museum of Modern Art-Costakis Collection** (s.S. 69) einen Besuch abstatten.

› 21 Odós Kolokotróni, Haltestelle Moní Lazaristón, Bus 34

026tn-sb

☐ *Hier huldigt man dem Schutzpatron der Stadt: die Ágios Dimítrios*

Obere Altstadt

Zu den Hauptsehenswürdigkeiten der Oberen Altstadt – auf Griechisch Áno Póli – gehören zweifelsohne die stattliche Basilika zu Ehren des Stadtpatrons, Ágios Dimítrios 17, am Fuß des Viertels und weitere Kirchen, z.B. die geschichtsträchtige Ósios-Davíd-Kirche 18, die schmucke Klosterkirche Taxiarchón 19 oder die kleine, aber durchaus sehenswerte Ágios Nikólaos Orfanós 23. Ebenfalls nicht verpassen sollte man das Vlatádon-Kloster 20 und das Geburtshaus Kemal Atatürks 24. Doch das Highlight hier oben – zumindest was den Ausblick anbelangt – ist die Kástro 22 genannte Akropolis mitsamt ihren Byzantinischen Stadtmauern 21, aber auch die darin thronende Zitadelle Eptapírgio 22.

17 Ágios Dimítrios ★★★ [E3]

Άγιος Δημήτριος

Die auch Ierós Naós Agíou Dimitríou genannte Basilika wurde zu Ehren des Schutzpatrons der Stadt, dem heiligen Demetrios gebaut. Der Legende nach wurde er an dieser Stelle hingerichtet. Ob sich hier wirklich seine Reliquien befinden, ist zwar nicht bewiesen, aber das Gotteshaus wird täglich von Hunderten Gläubigen besucht. Welcher Ort wäre wohl besser geeignet, um der Seele der Stadt auf den Grund zu gehen?

Wo heute die von 1926 bis 1948 restaurierte Basilika aus massivem Ziegelwerk steht, befand sich wohl einst eine **frühchristliche Kultstätte.** Archäologen gehen davon aus, dass hier Anfang des 4. Jahrhunderts auf den Überresten eines römischen Thermalkomplexes eine Kirche errichtet wurde. Davor dürfte bereits die **Krypta** bestanden haben, in der **Demetrios**, von Lanzen durchbohrt, im Jahre 306 n. Chr. den Märtyrertod starb.

Demetrios wurde wohl 281 in Thessaloníki in eine christliche Adelsfamilie geboren und verfolgte wie sein Vater eine Karriere als Offizier in der römischen Armee. Doch – so erzählt die Legende – weigerte er sich, Christen zu verfolgen, fand seine Berufung in der Verbreitung der Lehre des Evangeliums und bekehrte heimlich zahlreiche Menschen zum Christentum. Weder Galerius (s. S. 33) noch Diokletian hießen dies gut und so ließen sie ihn in den Kerker werfen. Während eines Besuchs in der Stadt soll Galerius so erbost darüber gewesen sein, dass ein christlicher Gefangener namens Nestor seinen Lieblingsgladiator Lyaeos vollkommen unerwartet in der Arena besiegte, dass er sowohl Nestor als auch Demetrios und möglicherweise viele weitere Christen als Vergeltung kurzerhand hinrichten ließ.

Mit dem **Toleranzedikt** von 313 setzte aber schon kurz darauf die Verehrung des Demetrios ein und kaum ein Jahrhundert nach seinem Tod wurde ihm zu Ehren hier zuerst eine dreischiffige Kirche errichtet. Diese wurde jedoch mehrfach durch Feuer und Erdbeben beschädigt und in den Jahren 629 bis 634 erfolgte dann der Wiederaufbau als **fünfschiffige Basilika.**

Demetrios wurde zum **Schutzpatron von Thessaloníki** und zum **Heiligen der Soldaten** erklärt. In der osmanischen Zeit (1493–1912) wurde die Kirche zur **Moschee** umgestaltet und **Kasımiye Camii** genannt. Die Basilika gehört seit 1988 zum **UNESCO-Weltkulturerbe** und gilt als eine der bedeutendsten in ganz Griechenland.

MEIN TIPP

Per Bus in die Áno Póli

Am einfachsten gelangt man an die höchste Stelle der Áno Póli mit der Buslinie 23 ab der Haltestelle Platía Eleftherías, südöstlich von Ladádika **14** oder der Haltestelle Ágios Dimítrios **17**. Die Fahrt bis zur Haltestelle Agíi Anárgiri im Kástro **22** dauert etwa 15 bis 25 Minuten. Alternativ fahren auch die Hop-on-hop-off Busse (s. S. 118) und die blaue Buslinie 50 (s. S. 119) ab dem Weißen Turm **25** hierher. Der „Aufstieg" per Pedes ist natürlich ebenso möglich, aber schweißtreibend!

Das **Gebäude** besteht aus einem dreischiffigen Querhaus, an das sich eine schmale Narthex und der dreibogige Eingangsbereich anschließen. Es misst knapp 54 Meter in der Länge und 33 Meter in der Breite und wirkt durch den offenen Dachstuhl im Inneren und durch die Obergaden in den Seitenschiffen, durch die das Tageslicht einfällt, recht geräumig. Auffallend ist zuerst das große **Hauptschiff** mit den beiden gegenüberliegenden, je zwei Etagen zählenden Arkadenreihen samt der Säulenkapitelle, die vorrangig aus Überbleibseln älterer Bauwerke (sog. Spolien) bestehen. Zu den Hauptattraktionen im Innern gehören neben diesen Spolien die Reste äußerst filigran gestalteter **Farbmosaiken** aus dem 5. bis 9. Jahrhundert – sie zählen zu den beachtenswertesten Beispielen der frühen byzantinischen Mosaikkunst – an der Westwand des rechten Seitenschiffs und an den Vierungspfeilern vor der Apsis. Im linken Seitenschiff steht ein **Baldachin aus Marmor**, unter dem sich angeblich die **Reliquien des Demetrios** befinden.

Keinesfalls verpassen sollte man außerdem die unter dem Hauptaltar liegende angesprochene **Krypta**, in der sich ein **kleines Museum** zur Geschichte der Basilika (Eintritt frei) befindet. Man erreicht sie über die Treppen im rechten Seitenschiff. Zwar mag man bei einem Besuch der Basilika aufgrund der meist vielen Besucher etwas die Besinnlichkeit vermissen, doch gehört dies eben in gewisser Weise einfach dazu. Ganz besonders voll wird es am **26. Oktober**, dem Gedenktag des heiligen Demetrios.

› 97 O. Agíou Dimitríou, Haltestelle Ágios Dimítrios, Bus 16, 22, 23, Tel. 2310270008, www.agdimitriosthes.gr, tägl. 6–22 Uhr, Krypta Di–Fr 8–17, Sa/So 8.30–15 Uhr, Eintritt frei

18 Ósios Davíd ★★ [F2]

Όσιος Δαβίδ

Im an Gotteshäusern reichen Thessaloníki mag die sich in einer ruhigen Wohngegend versteckende Kirche des Latómos-Klosters für viele wohl nur unter „ferner liefen" wahrgenommen werden, doch ab dem 5. Jh. galt sie als ein wichtiges Zentrum des geistigen Lebens ganz Makedoniens. Wirklich einmalig ist sie wegen ihrer wunderschönen Mosaiken- und Freskenverzierung. So verwundert es nicht, dass es sich auch bei ihr um eine UNESCO-Weltkulturerbestätte handelt!

Der Ursprung der Kirche geht noch auf die Zeit **Theodoras** zurück, der Tochter des Kaisers Galerius (s. S. 33), denn nach ihr wurde sie wohl ursprünglich von den Brüdern des *Moní Latómou* (Latómos-Kloster) benannt. *Latomío* heißt auf Griechisch „Steinbruch" und tatsächlich lag hier am Fuße des Kástro 22 ein solcher, der für die Errichtung der Anlage genutzt wurde. Zwar wird das Kloster heute nicht mehr betrieben, doch die verhältnismäßig kleine quadratische **Kirche** mit halbkreisförmiger Apsis gilt speziell unter Kunstkennern als **eine der wichtigsten des ganzen Landes.** Das liegt an ihrer **üppigen Dekorierung** in Form zahlreicher Fresken und Mosaiken, die in ihrer jetzigen Form v. a. aus dem 12. bis 14. Jh. stammen, dabei aber häufig Ausbesserungen weit älterer Werke sind. Interessant sind in diesem Zusammenhang z. B. die **Wandgemälde** im mittelbyzantinischen Stil, die u. a. Szenen aus dem Leben Christi zeigen, darunter dessen Geburt, seine Jugend, seinen Einzug in Jerusalem, eine Szene auf dem Ölberg und Bilder seiner Taufe.

Die **Qualität der Darstellungen** ist trotz Erdbeben und damit verbundenen Rissen im Mauerwerk, aber auch häufig auftretender Wasserschäden, relativ gut, nicht zuletzt, da die Türken, die die Kirche während ihrer Jahrhunderte währenden Herrschaft als **Moschee** nutzten, die **Fresken mit**

MEIN TIPP

Ausstellungen im osmanischen Dekor

Verlässt man die Basilika 17 in nordöstlicher Richtung, erreicht man die ehemalige osmanische Moschee Alacá Imarét mit ihren Kuppeln, die im 15. Jahrhundert erbaut wurde. Sie ist ein seltenes Erinnerungsstück einer längst verblichenen Epoche, denn immerhin war die Áno Póli über Jahrhunderte türkisch-islamisch geprägt. Heute beherbergt das auch im Innern gut erhaltene Gebäude wechselnde Ausstellungen unterschiedlicher Kunstrichtungen.

★10 [E3] **Alacá Imarét,** 91 O. Kassándrou, Tel. 2310278587, Di–So 11–18 Uhr, Eintritt frei

Gips übertünchten. Dadurch überdauerten die Kunstwerke unter dem schützenden weißen Mantel, bis sie im 20. Jahrhundert eher zufällig wiederentdeckt wurden. Dies galt auch für die zahlreichen **Mosaike** im Innern der Kirche wie etwa das Abbild des **bartlosen Christus**, der gänzlich von einem Heiligenschein umringt und von den Symbolen der Evangelisten (Mensch, Adler, Stier und Löwe) und den Propheten Ezechiel und Habakuk flankiert auf einem Regenbogen thront, unter dem sich die vier Paradiesströme in den Jordan ergießen.

Im **Chor** achte man auf das Mosaik, das die Theophanie – die Erscheinung Gottes – in ausgesprochen naturalistischer Form darstellt.

Nach dem Besuch des Kircheninnern sollte man sich auch auf dem **Kirchhof** umsehen, denn neben der **grandiosen Aussicht über die Stadt** findet sich hier noch der Sockel eines von den Türken errichteten Minaretts. Ursprünglich war das Anwesen weit größer. So galt die Ósios Davíd in ihrer Ursprungsform als **Musterbau einer Kirche**, im Kreuzmuster mit Quadraten als Hauptform, überspannt von einer gewaltigen Kuppel. Dieses Muster wurde später im gesamten griechisch-orthodoxen Einflussbereich populär, doch hier fiel es der Umgestaltung zur Moschee zum Opfer. Erst im Jahr 1921 wurde das Gotteshaus wieder zur Kirche und dem **heiligen David** (450–540) geweiht, der als Asket über drei Jahre auf einem **Mandelbaum** gelebt haben soll.

› 17 O. Epimenídou, Haltestelle Ídrima, Bus 23, Tel. 2310221506 und 2310261376, Di–Sa 10–17, So 10–14 Uhr, Eintritt frei (um eine kleine Spende wird gebeten)

19 Taxiarchón ★ [G3]

Ταξιαρχών

Im Herzen der Áno Póli steht diese **Kirche eines heute nicht mehr existenten Klosterordens.** Das mit vollem Namen *Pammegíston Taxiarchón* genannte, weiß getünchte Gotteshaus stammt aus der zweiten Hälfte des 14. Jahrhunderts, war dabei aber in seinen Anfängen eine mit Holz überdachte Basilika, die aus nur einem Raum bestand, an den sich Arkaden anschlossen. Erhalten ist nur noch der östliche Teil des Ursprungsgebäudes, zu dem im Süden ein zweites Schiff und an der Westseite ein Vorraum ergänzt wurden.

Grundsätzliche bauliche Veränderungen erfolgten auch während der osmanischen Herrschaft, als das Taxiarchón – wie so viele Kirchen der Stadt – in eine **Moschee** umgewandelt wurde, die den Namen **İki Şerefe Camii** („Moschee mit zwei Balkonen") trug. Dieser Name geht auf das damals erbaute Minarett zurück, an dem zwei Balkone angebracht waren, die die beiden Erzengel Michael und Gabriel symbolisieren sollten.

Nachdem Thessaloníki 1912 wieder griechisch geworden war, weihte man das Gebäude erneut zur Kirche und riss 1925 das Minarett ab. Heute präsentiert sich der Taxiarchón in seiner 1953 sanierten Form mitsamt dem seitlichen Glockenturm. Man betritt das Hauptschiff über die breiten Marmortreppen und im **Innern** sollte man keinesfalls die **beeindruckenden Fresken** übersehen, darunter speziell die Darstellungen von Christi Himmelfahrt und Pfingsten an den Giebeln der Kirche.

Unter dem Haupteingang führt außerdem eine Treppe hinunter in die ehemalige **Krypta**, in der die Mönche des Klosters beigesetzt wurden. Ihnen zu Ehren wurde eine kleine, mit Ikonen verzierte Kapelle angelegt. Wieder zurück im Innenhof des Anwesens, sollte man auch das hier befindliche **Taufbecken** in Augenschein nehmen und gegebenenfalls ein bisschen verweilen, bevor man sich weiter durch die Gässchen der Oberen Altstadt bewegt.

› 16 O. Akropóleou, Haltestelle Taxiarchón, Bus 23, Tel. 231020954, unregelmäßige Öffnungszeiten, Eintritt frei

20 Vlatádon-Kloster ★★ [G2]

Μονή των Βλατάδων

Beim Besuch des einzigen noch erhaltenen Klosters Thessaloníkis erfasst auch Religionsmuffel zweifelsohne ein bisschen Ehrfurcht. Besucher erfahren hier erstaunlich viel Wissenswertes über den historisch so bedeutenden Ort und über das Leben der Mönche.

027tn-sb

Ursprünglich gab es innerhalb der Stadtgrenzen 20 aktive Klöster, doch nur das Vlatádon-Kloster unterhalb der Stadtmauer wird bis heute betrieben und untersteht dabei dem **Ökumenischen Patriarchat von Konstantinopel.** Seine Gründung in der Mitte des 14. Jahrhunderts fällt in die Amtszeit des Metropoliten Dorothéos Vlatés, dessen Namen es trägt. In seinen Anfängen war es zunächst dem Pantokrátor (Weltenherrscher) geweiht und die hier lebenden Mönche folgten dem **Hesychasmus**, einer Lehre, die durch äußerste Ruhe zu Gelassenheit und innerem Frieden führen sollte. Zwar geht es immer noch sehr ruhig zu, doch ist das Kloster mittlerweile der Verklärung Christi geweiht, wenngleich es dem Besucher verziehen wird, wenn er denkt, es sei dem Gott der **Katzen** gewidmet, denn die Anzahl der Samtpfoten ist auf dem Areal beachtlich.

Die religiöse Bedeutung dieses Ortes dürfte auf die Anfänge des Urchristentums zurückgehen. So erzählt die Legende, dass der **Apostel Paulus** während seiner Reise durch Thessaloníki auf diesem Hügel gepredigt haben soll. Entgegen seines Alters präsentiert sich das Kloster heutzutage jedoch als **architektonischer Stilmix.** So ist zwar die **Klosterkirche** – das sog. Katholikón – noch im Original erhalten, doch die umliegenden Gebäude stammen aus den 1960er-Jahren.

Wer sich für alte griechische **Handschriften** interessiert, findet hier in einem der Verwaltungsbauten eine große Sammlung vor.

‹ Das eindrucksvolle Katholikón inmitten des Vlatádon-Klosters

028tn-dk

Im **Katholikón** sieht man **byzantinische Mosaike und Wandmalereien** aus dem 13. und 14. Jahrhundert sowie **Heiligenbilder** aus dem 11. Jahrhundert, auch wenn viele davon in der osmanischen Zeit mutwillig zerstört wurden. Zwar war das Kloster nur kurze Zeit in türkisch-islamischer Hand – damals wurde es als **Çavuş Manastır** bezeichnet –, doch machte sich der antichristliche Eifer hier ganz besonders bemerkbar, weshalb das Vlatádon-Kloster zumindest symbolisch eben nochmal mehr als die meisten anderen Kultstätten der Stadt **eng mit dem griechischen Befreiungskampf verbunden** ist.

Aber auch wenn einem der national-religiöse Aspekt wenig interessiert, ist ein Besuch im Vlatádon-Kloster empfehlenswert, denn einerseits ist der **Panoramablick auf die Bucht** von dort oben fantastisch und andererseits ist der ruhige **Klosterhof** genau der richtige Ort für einen beschaulichen Aufenthalt inmitten schattigen Baumwerks. Hier befinden sich neben den **Gräbern** der ehemaligen Klostervorsteher auch eine **Voliere** mit einem Dutzend teilweise weißer Pfauen und mehrere **Zisternen,** in denen Wasser aufgefangen wird, das die Abhänge des Chortiátis-Massivs herunterfließt. Die UNESCO hat das Kloster zum **Weltkulturerbe** erklärt.

› 64 O. Eptapirgíou, Haltestelle Agíi Anárgiri, Bus 23, Tel. 2310246357, tägl. 7–17 und 17.30–20 Uhr, Eintritt frei

21 Byzantinische Stadtmauer ★★ [H2]

Βυζαντινά τείχη

Direkt nördlich des Vlatádon-Klosters 20 befindet sich die alte Stadtmauer. Sie ist sowohl unter archäologischen als auch unter architektonischen Gesichtspunkten ein einmaliges Zeugnis und man sollte ihr während eines Besuchs der Stadt zumindest einmal ein paar hundert Meter weit folgen, um ihre enormen Ausmaße fassen zu können.

Wo früher scharf geschossen wurde: die Stadtmauer unterhalb des Trigónios-Turms

Die **Stadtmauer** – auch sie ist UNESCO-Weltkulturerbe – begann ursprünglich etwa dort, wo der Hafen liegt, und erstreckte sich Richtung Nordosten bergauf bis zum Kástro-Viertel 22 und dann ab dort den Hang hinunter bis zum Weißen Turm 25. Der Befestigungswall ist in seiner heutigen Form weitestgehend **mittelalterlich**, doch sind Teile davon deutlich älter, manche stammen noch aus dem 4. Jahrhundert.

Die Planung und erste Baumaßnahmen erfolgten wohl schon in der Regierungszeit Kaiser Theodósios I. (375–395 n. Chr.), des letzten Herrschers eines zusammenhängenden Römischen Reiches, doch waren es v. a. die **Venezianer**, die ab 1423 den Befestigungswall ausbauten, um die **nahenden Türken** abzuwehren. Erfolg hatten sie damit nicht, bereits sieben Jahre später marschierte **Sultan Murad II.** mit seiner Armee nach fast zweimonatiger Belagerung in der Stadt ein und machte sie zu einem Teil des Osmanischen Reiches.

Ursprünglich war die Mauer zwischen **sieben und acht Kilometern** lang und umspannte trapezförmig die gesamte Stadt. Die Höhe der **Mauern** beträgt stattliche 8,30 m bis 10,50 m, bei einer durchschnittlichen Dicke von 4,60 m. Gefertigt wurde sie aus Ziegeln, Felsblöcken und Mörtel und sie verfügt in regelmäßigen Abständen über zwei- oder dreireihige **Ziegelbögen**, um die Struktur zu verstärken. An „verwundbaren" Stellen wurden **sägezahnförmige Bastionen** errichtet und es gab über die gesamte Länge des Befestigungswalls in der Zeit vom 11. bis zum 14. Jahrhundert **nicht weniger als 60 Türme**, zu denen auch der Weiße Turm 25 unten am Meer gehört. Heutzutage finden sich nur noch wenige davon und auch die Mauer besteht nicht mehr durch-

MEIN TIPP

Das ultimative Mauerfeeling

Wer zu einem Spaziergang entlang der Stadtmauer aufbrechen möchte, der sollte ab dem Vlatádon-Kloster 20 in nordwestlicher Richtung etwa 400 Meter durch ein fast ländlich anmutendes, augenfällig ärmliches Wohngebiet entlang der Odós Eptapirgíou gehen, bis nach rechts die Odós Palamídou durch die Stadtmauer führt. Ab hier kann man entweder auf der äußeren Seite des Walls – die Gebäude an dieser Stelle sind auffallend jünger als die innerhalb der Mauern – wieder in südöstlicher Richtung über die Odós Georgíou Papadopoúlou zurückspazieren und von der Westseite her das Kástro-Viertel 22 betreten.

Wer hingegen noch nicht genug von der Mauer hat, der kann der Odós Georgíou Papadopoúlou etwa 170 m bis zu deren Ende nach links folgen und bei den Resten des Wachturms nach links über die Treppen in die Odós Évrou gelangen und dieser über weitere 800 m immer entlang der Befestigung folgen. Danach führen die Odós Meteóron, die Odós Klavdianoú, die Odós Arkadioupóleos und die Odós Irínis (Eirínis) weitere 950 m an Überresten der Mauer entlang, bis diese nördlich der Platía Dimokratías endet.

Alternativ kann man vom Ánna-Palaiologína-Tor an der Westseite des Kástro-Viertels zunächst zum Trigónios-Turm gehen und dann den Straßen und Treppenabgängen an der Ostseite der Stadtmauer nach Süden folgen, bis man die Odós Olimpiádos erreicht, die einen in südlicher Richtung schnurstracks zum Atatürk Museum 24 führt.

gehend, denn ab 1866 entschieden die Osmanen, **Teile von ihr zu schleifen,** um Platz für repräsentative Bauwerke zu schaffen.

Wer zu einem **Spaziergang** entlang der Mauer aufbrechen möchte (s. S. 48), sollte genügend Trinkwasser dabeihaben und gutes Schuhwerk tragen, denn teilweise geht es recht steil bergab. Dabei ist anzumerken, dass die Stadtmauer selbst meist nicht zu besteigen ist, man jedoch von verschiedenen Stellen immer wieder **grandiose Ausblicke** auf sie und hinunter in die Stadt hat. Wer auf den Spaziergang verzichten kann und das Panorama lieber bei einem Kaffee oder einem kalten Getränk genießen möchte, dem sei das **Café Castra** (s. S. 79) mit seiner entspannten Terrasse empfohlen. Doch bevor man die Höhen der Áno Póli verlässt, sollte man unbedingt dem **Kástro-Viertel** ㉒ und der darin liegenden **Zitadelle** einen Besuch abstatten, denn hier oben ist man an der höchsten Stelle der Oberen Altstadt angelangt.

› ab Odós Eptapirgíou, Haltestelle Agíi Anárgiri, Bus 23

㉒ Kástro und Eptapírgio ★★★ [J1]

Κάστρο και Επταπύργιο

Das mächtige Kástro und die darin thronende Zitadelle stellen den höchsten Punkt der Áno Póli dar. Dieses manchmal auch als Akropolis bezeichnete Ensemble wird komplett von der Stadtmauer umgeben und erinnert dadurch auch architektonisch an wilde Zeiten der Stadtgeschichte.

Das Kástro-Viertel kann man zu den Wahrzeichen Thessaloníkis zählen, liegt es doch als Plateau hoch oben in der Áno Póli direkt über der Innenstadt und ist somit von fast überall deutlich zu erkennen. Der Bau des gänzlich ummauerten Viertels geht auf das Mittelalter zurück und hier v. a. auf die kurzlebige Regentschaft der **Venezianer** von 1423 bis 1430. Der byzantinische Statthalter Andrónikos Palaiológos (1400–1429), der an Lepra litt, musste nicht

Gemahnt an ein trauriges Kapitel der jüngeren Geschichte: das ehemalige Gefängnis

029tn-dk

MEIN TIPP

Einfach mal ausspannen!

Hat man den Aufstieg bis zum Eptapírgio 22 gemeistert, ist eine Pause wohlverdient. Hier oben sind u. a. die Tavernen Tícho Tícho und Kreonídis zu empfehlen. Erstere bietet einen Blick auf die Stadtmauer innerhalb des Kástro. Zweitere unterhalb des Trigónios-Turms verfügt über eine Terrasse, von der aus man einen fantastischen Ausblick genießt. In beiden gibt es einfache Hausmannskost, eine große Auswahl an typischen Mezédes und eine umfassende Getränkekarte.

13 [H3] **Kreonídis** €€, 4 Leofóros Óchi, Tel. 2310206006

14 [G2] **Tícho Tícho** €-€€, 1 O. Stergíou Polidórou, Tel. 2310245351

zuletzt angesichts der massiven militärischen Bedrohung gegen den Widerstand des orthodoxen Klerus und Teilen der Bevölkerung mit Venedig in Verhandlungen treten und die Stadt letztendlich gegen eine Zahlung von 50.000 Dukaten übergeben. Dabei kamen die neuen Herrscher v. a., um den Vormarsch der Türken auf dem Balkan aufzuhalten, doch blieb dieses Unterfangen, wie erwähnt, nicht von Erfolg gekrönt.

Heute präsentiert sich das Viertel relativ unspektakulär, dabei aber **erfreulich untouristisch.** Ein paar **Lokale** und **Souvenirläden** gibt es vor der Stadtmauer und auf der zentralen Platía Anárgiron. Wirklich besonders ist der Stadtteil aber wegen seiner **Aussicht entlang der Mauer** 21, z. B. vom runden **Trigónios-Turm,** der außerhalb des Viertels gleich unmittelbar neben dem Ánna-Palaiologína-Tor steht. Von ihm aus hat man einen Rundumblick über Thessaloníki, auf die Bucht sowie den Thermaischen Golf.

Wer noch höher hinaus möchte, der sollte die **Eptapírgio** genannte Zitadelle im Nordosten des Kástro-Viertels besuchen. Sie wurde als letzte Verteidigungslinie konzipiert, sollte der Feind die äußere Festung durchbrechen. Das Eptapírgio – Griechisch für „sieben Türme" – besteht in Wahrheit aus einer Schutzmauer und zehn Türmen, wobei der mittlere und der größte von Tsaous Bey, dem ersten osmanischen Gouverneur der Stadt, gebaut wurden. Die Türken – unter ihnen hieß die Zitadelle Yedi Kule – waren es auch, die den Komplex gegen Ende des 18. Jahrhunderts in ein Gefängnis umwandelten, was es bis 1989 auch blieb. Besichtigt werden können hier noch der ehemalige Wachraum, der Gefängnishof sowie ein Schlafsaal, in dem eine Ausstellung versucht, die Geschichte der Anlage kritisch aufzuarbeiten. Immerhin wurden in den Jahren der Militärdiktatur (1967–1974) hier Regimegegner eingekerkert und angeblich nicht selten gefoltert.

★11 [J1] **Eptapírgio,** O. Eptapirgíou, Haltestelle Agíi Anárgiri, Bus 23, Eptapírgio, Tel. 2313310400 und 2310207933, Mi–Mo 10–17 Uhr, Eintritt frei

★12 [H3] **Trigónios-Turm,** April–Okt. Mi–Mo 10–17, Nov.–März Mi–Mo 10–15 Uhr

Unscheinbar, aber oho: die kleine Ágios Nikólaos Orfanós

23 Ágios Nikólaos Orfanós ★★ [G4]

Άγιος Νικόλαος Ορφανός

Thessaloníki verfügt über ein überbordendes Angebot an Kirchen, doch durch Konflikte, Großbrände und Naturkatastrophen sind die meisten häufig renoviert und umgebaut worden, sodass sie mittlerweile nicht immer das ursprüngliche Flair ausstrahlen. Ganz anders ist das in der kleinen, dem heiligen Nikolaus von Myrna geweihten Kirche mit ihren erstaunlich gut erhaltenen Fresken und dem idyllischen Garten. Das UNESCO-Weltkulturerbe-Siegel war da praktisch obligatorisch.

Folgt man an der Ostseite der Áno Póli der Stadtmauer 21 in Richtung Süden, gelangt man zur kleinen, 1310–1320 gebauten Ágios Nikólaos Orfanós. Inmitten eines leicht verwilderten **Gartens** mit schattigem Baumbestand steht dieses Gotteshaus fast unscheinbar. Ursprünglich war auch diese Kirche eine Klosterkirche und gehörte zeitweise zum Vlatádon-Kloster 20. Doch anders als praktisch alle sonstigen Kirchen der Stadt, wurde sie von den Osmanen nie in eine Moschee umgewandelt. Die Kirche präsentiert sich als einfacher **Ziegelbau mit Giebeldach**, bestehend aus einem einschiffigen Langraum mit einem dreiseitigen Umgang, dessen Westteil als Narthex dient. Die Besonderheit von Ágios Nikólaos Orfanós offenbart sich im Innern: Praktisch die gesamten Wände sind mit **Fresken** ausgeschmückt, die sich erfreulich gut erhalten haben, obwohl sie bereits über 700 Jahre alt sind. Es finden sich Darstellungen Marias – auf Griechisch wird sie häufig als *Theotókos* („Gottesgebärerin") verehrt – und vieler Heiliger und Kirchenväter, aber auch Szenen aus den Evangelien, z. B. die Passion Christi, seine Auferstehung und Szenen, in denen er Wunder vollbringt. Der oder die Künstler der Fresken sind leider unbekannt, doch der Stil ähnelt dem anderer Kirchen in Makedonien, aber auch in Serbien. Dies erstaunt nicht, denn die Gründung von Ágios Nikólaos Orfanós geht auf den **serbischen König Stefan Uroš II. Milutin** (1253–1321) zurück, der als bedeutender Kunstmäzen und Kirchenstifter gilt. So ließ er an die 40 Kirchen und Klöster errichten. Mehrere von ihnen – wie diese hier in Thessaloníki – dienten dazu, Waisenkindern (auf Griechisch *Orfanós*) ein Heim zu schenken. Entsprechend weihte man das hiesige Gotteshaus dem heiligen Nikolaus von Myra, der als Helfer der Waisen gilt.

› 1 O. Irodótou, Haltestelle Ágios Nikólaos Orfanós, Bus 22, Tel. 2310214497 und 2313310454, Di–So 8.30–14.45 Uhr, Eintritt frei

030tn-dk

㉔ Atatürk Museum ★ [G4]

Μουσείο Ατατούρκ

Es ist schon irgendwie interessant, dass der „Vater der modernen Türkei" Mustafa Kemal Atatürk 1881 am Fuß der Áno Póli das Licht der Welt erblickte. Wirklich lange hat er hier zwar nicht gelebt, doch sein Elternhaus, das auch das türkische Konsulat beherbergt, gibt durchaus interessante Einblicke in das Leben des ersten Präsidenten der türkischen Republik.

Das Gebäude inmitten der urbanen Hektik war ab 1878 die **private Residenz von Ali Rıza Efendi und Zübeyde Hanım**, den Eltern von Mustafa Kemal. Damals war das Viertel typisch für Selânik – so nannten die Osmanen die Stadt –, denn hier lebten Muslime, Juden und Christen friedlich nebeneinander. Atatürks Vater kam aus dem heutigen Nordmazedonien, war zuerst Zollbeamter und dann Holzhändler. Die Mutter stammte aus einer Bauernfamilie aus dem Umland Thessaloníkis. Atatürk wuchs also in **einfachen Verhältnissen** auf und vielleicht waren es ja gerade diese Einfachheit und die Tatsache, dass er ein **Mann des Volkes** war, dass er sowohl im In- als auch im Ausland **große Sympathien** genoss.

Im **Museum** sind neben erklärenden Texten zum Leben Atatürks, zahlreiche **Fotografien** und **Schriftstücke**, aber auch persönliche Dinge wie **Kleidung** und **Gebrauchsgegenstände** ausgestellt. Die Familie musste das Haus zunächst 1888 wegen Geldmangel verlassen. Der Vater war verstorben und die Mutter zog mit den beiden Kindern zu ihrem Bruder aufs Land. Da dort aber kein Schulbesuch möglich war, musste der junge Mustafa Kemal zunächst vier Jahre lang auf Unterricht verzichten, bis er zurück nach Thessaloníki ging und bei seiner Tante wohnte. Später absolvierte er den **Militärdienst** und wurde **Offizier**, was genug Einkommen generierte, um 1908 das Elternhaus zu kaufen. Doch bereits vier Jahre später übernahmen die Griechen das Ruder in der Stadt und auch das Haus wurde enteignet und an eine griechische Familie verkauft. Nach den Wirren des Ersten Weltkriegs und dem Zerfall des Osmanischen Reiches wurde Atatürk 1923 zum **ersten Präsidenten der neu gegründeten türkischen Republik** und initiierte einen rasanten Prozess, um die Türkei in ein **modernes, westlich geprägtes Land** umzugestalten. Frauen wurden Männern gleichgestellt, die osmanische Tracht wurde unter Strafe verboten, das Türkische wurde ab sofort in lateinischen und nicht mehr in arabischen Buchstaben geschrieben, man folgte der westlichen und nicht mehr der islamischen Zeitrechnung und das Land bekam ein Zivilrecht, das auf dem der Schweiz basierte.

1937 – also ein Jahr vor Atatürks Tod – gab Griechenland das Haus hier in der Odós Apostólou Pávlou an ihn zurück (jedoch blieb es ihm verwehrt, es noch einmal zu besuchen) und man richtete darin das **türkische Konsulat** ein. Doch die schwierige Beziehung zwischen Griechenland und der Türkei hinterließ auch hier ihre Spuren. So explodierte in der Nacht zum 6. September 1955 am Haus ein **Sprengsatz** und richtete erhebliche Sachschäden an. Aus Zorn darüber fand in Istanbul in Folge ein **Pogrom gegen die griechische Minderheit** statt. Doch es stellte sich heraus, dass hinter den Anschlägen der damalige türkische Ministerpräsident **Adnan Menderes** (1899–1961) und seine Gefolgsleute standen. Als 1960 die Militärs die Macht übernahmen, wurde Menderes u.a. auch wegen dem Vorwurf der „Organisation antigriechischer Ausschreitungen" zum Tode verurteilt. Ein **Besuch des Anwesens** (Besuchszeit ca. eine Stunde) ist empfehlenswert, weil es eindrucksvoll ist, welchen Werdegang Mustafa Kemal Atatürk durchlief und wo dieser begann. Schade, dass sein Zitat *Yurtta sulh, cihanda sulh!* (Friede in der Heimat, Friede auf der ganzen Welt!) nicht gerade sinngebend für die griechisch-türkischen Beziehungen steht.

› 17 O. Apostólou Pávlou, Haltestelle Tourkikó Proxenío, Bus 16, Tel. 2310965070 oder 2310248452, Di–So 10–17 Uhr, Eintritt frei (ein Lichtbildausweis ist erforderlich!)

Südlich der Innenstadt

Das Wahrzeichen dieser Gegend ist zweifelsohne der Weiße Turm 25, in dem man so einiges über die Stadtgeschichte erfährt. Aber hier verläuft auch die verkehrsberuhigte Neue Uferpromenade 26 entlang des Reiterstandbildes Alexanders des Großen in Richtung Südosten. Von da ist es nur noch ein Katzensprung bis zum Archäologischen Museum 27, das sich mit den Anfängen der antiken Zivilisation und den Zeiten bis zur römischen Epoche in Makedonien auseinandersetzt. Praktisch fast daneben befindet sich das Museum der byzantinischen Kultur 28, das viel über die Zeit zwischen dem 4. und 15. Jahrhundert erzählt. Unweit des südlichen Endes der Uferpromenade ist in einer der schönsten Jugendstilvillen der Stadt das Ethnologische Museum 30 untergebracht.

25 Weißer Turm ★★ [E8]

Λευκός Πύργος

Wer sich Thessaloníki vom Meer her nähert, der nimmt den mittelalterlich anmutenden „Weißen Turm" (Lefkós Pírgos) direkt an der Uferpromenade als erste Sehenswürdigkeit der Stadt wahr. Der gewaltige Rundturm beherbergt ein Museum samt zahlreichen Ausstellungsräumen auf sechs Stockwerken mit historischen Artefakten und aufschlussreichen multimedial aufbereiteten Informationen.

Zwar steht fest, dass der 33 m hohe, aus hellem Naturstein gebaute Lefkós Pírgos das wohl **meistfotografierte Wahrzeichen der Stadt** ist, doch wer ihn erbaut hat, ist unter Historikern noch immer umstritten. Die einen rechnen ihn der **venezianischen Epoche** (1423–1430) zu, während die anderen der festen Überzeugung sind, dass er von den **Türken** (ab 1430) errichtet wurde. Nun, er dürfte hier seit der ersten Hälfte des 15. Jahrhunderts in den Himmel ragen und war als südöstlicher Wachturm Teil der **Stadtmauer** 21.

Speziell in der osmanischen Zeit (1430–1912) wurde er als **Gefängnis** für zum Tode Verurteilte genutzt. Unter Sultan Mahmud II. (1808–1839) war er als **„Blutturm"** verschrien und gefürchtet, denn hier wurden Inhaftierte oftmals brutal hingerichtet. So z.B. während der Griechischen Revolution (1821–1829), als es den osmanischen Truppen nur mithilfe von ägyptischen Söldnern gelang, die Revolte der griechischen Freiwilligenarmee niederzuschlagen, eine Tatsache, die den Sultan dazu bewog, eine neue Kampftruppe aufzustellen, die an die Stelle der berühmtberüchtigten **Janitscharen** – eine Art Elitearmee – treten sollte. Die über-

MEIN TIPP

Verlässlich gut!

Im Umkreis des Weißen Turms 25 gibt es ein überbordendes und vielleicht überforderndes Angebot an Lokalen und man weiß kaum, wo man einkehren soll. Das Diagónios ist eine verlässliche und v. a. angenehme Adresse. Ob Grillspezialitäten (die *Soutzoukákia* genannten Fleischbällchen sind die Spezialität des Hauses), frische Salate oder typisch griechische Vorspeisen – für viele Einheimische gibt es hier die besten *Dolmadákia* (gefüllten Weinblätter) weit und breit. Es gilt: Im Diagónios kann man kaum etwas verkehrt machen.

15 [E7] **Diagónios** €€, 2 Platía Fanariotón, Tel. 2310260958

001tn-sb

aus einflussreichen Janitscharen, die auch die Stadtwache Thessaloníkis stellten, rebellierten und viele von ihnen wurden daher im „Blutturm" eingekerkert und wegen Meuterei hingerichtet.

Nicht zuletzt, um dieses **furchterregende Stigma** symbolisch zu beseitigen, tünchten ihn die Griechen 1913 weiß und so erhielt er seinen Namen. Heutzutage geht es hier glücklicherweise friedlich zu und die allermeisten Besucher kommen v. a., um an den Schießscharten auf der Plattform im obersten Stock die **herrliche Aussicht** zu genießen oder das auf sechs Etagen befindliche **Museum** zu besuchen.

Man erreicht die einzelnen Ausstellungsräume über die alte **Wendeltreppe** (kein Lift vorhanden!) und kann sich anhand interessanter Ausstellungen über die **Stadtgeschichte** und Aspekte des urbanen Lebens (z. B. Handel, Freizeit oder Kultur) informieren. Gezeigt werden viele Fotos, einige wenige weitere Ausstellungsgegenstände und durchaus spannende multimediale Präsentationen (auf Griechisch oder per Audioguide auf Englisch). Das Museum ist Teil des Museums der byzantinischen Kultur 28.

› Leofóros Níkis, Haltestelle Lefkós Pírgos, Bus 3K, 5, 6, 15, 33, 39, Tel. 2310267832, www.lpth.gr, April–Okt. tägl. 8–20, Nov.–März tägl. 8.30–15.30 Uhr, Eintritt 8 € (Nov.–März 4 €), erm. 4 €, Kombiticket für Rotónda 10, Weißen Turm, Archäologisches Museum 27 und Museum der byzantinischen Kultur 28 erhältlich (s. S. 110). Für den Besuch des Turms inkl. Museum sollte man etwa eine Stunde einplanen.

Wer ihn nicht gesehen hat, der war nicht in Thessaloníki: der Weiße Turm 25

031tn-sb

26 Neue Uferpromenade ★★★ [F9]

Νέα Παραλία

Keine Frage, die Neue Uferpromenade (auf Griechisch Néa Paralía) gehört zu den entspanntesten Orten, die Thessaloníki zu bieten hat. Ob zum Ausruhen, Sonnenbaden, Fotografieren, Sportmachen oder einfach für einen entspannten Spaziergang – dieser etwa drei Kilometer lange Abschnitt der Bucht bietet wahrlich für jeden etwas.

Die 2014 fertiggestellte, verkehrsberuhigte Néa Paralía, die sich ab dem Weißen Turm 25 entlang der Küstenlinie in Richtung Südosten bis zum Konzertsaal Mégaro Moussikís (s. S. 84) zieht, ist in jeder Hinsicht ein Zugewinn für Thessaloníki. So ziemlich jeder Besucher der Stadt wird sie früher oder später entdecken und sein eigenes Lieblingsplätzchen finden. Der **Blick auf das Meer** und die gegenüberliegende Küste – an klaren Tagen lässt sich der **Olymp** erkennen – ist schlichtweg wunderbar! Das gilt speziell zum **Sonnenuntergang,** weshalb sich hier Jung und Alt allabendlich ein Stelldichein geben. Nicht zuletzt durch ihre **Ästhetik** ist die Néa Paralía wirklich gelungen, so ist die **Beleuchtung** unaufdringlich – die Laternen wirken wie Schiffsmasten – und es gibt ausreichend **Sitzbänke.**

Die Gestaltung der Uferpromenade sowie des Areals geht auf die Architekten **Pródromos Nikiforídis** und **Bernard Cuomo** zurück, deren Anliegen es war, der Stadt eine „grüne Lunge" zu schenken. Und tatsächlich besteht der Abschnitt auf der meeresabgewandten Seite vorrangig aus **botanischen Gärten und Parks,** die insgesamt beachtliche 24 ha Grünfläche ausmachen. Fast 2400 Bäume und 118.000 weitere Pflanzen wurden hier gesetzt, Biotope angelegt und reichlich Tiere wie Frösche und Schildkröten angesiedelt. Manche der insgesamt zwölf Gartenanlagen verfügen über **Soundanlagen,** andere beherbergen **Skulpturen** oder **moderne Kunstobjekte.** Somit wirkt das Gebiet auf erfrischende Weise **gar nicht urban.**

Nicht nur bei Regen sehenswert: das Ombréles genannte Kunstwerk von Giórgos Zongolópoulos

Aléxandros o Mégas – der größte Eroberer aller Zeiten

Während Krieg zwischen Sparta und Athen herrschte, bestieg König Philipp II. 359 v. Chr. den Thron Makedoniens. Die Makedonier waren zwar ein den Griechen verwandter Volksstamm, wurden aber höchstwahrscheinlich nicht von allen als „echte Hellenen" anerkannt. Im Selbstverständnis waren das jene Völker, die Griechisch sprachen, dem Kult des Olymps anhingen und die Homerischen Epen als Vorbild sahen. Durch das Machtvakuum auf der Peloponnes, in Athen und in Theben erlangte Philipp rasch militärische Erfolge, unterwarf zahlreiche griechische Staaten und ließ sich in der Folge zum obersten Feldherrn des Korinthischen Bundes ernennen, der den übermächtigen Persern die Stirn bieten wollte.

Als er 336 v. Chr. von aufbegehrenden makedonischen Adeligen ermordet wurde, bestieg sein Sohn Alexander (356–323 v. Chr.) kurzerhand den Thron. Der in Pélla 31 (etwa 45 Kilometer von Thessaloníki entfernt) geborene Junge wurde von Aristoteles in Philosophie, Kunst und Mathematik unterrichtet und galt als Bewunderer der griechischen Kultur. In die Annalen der Weltgeschichte ging er jedoch als Feldherr und Stratege ein.

Gerade einmal zwei Jahre nach dem Tod seines Vaters setzte Alexander dessen Plan in die Tat um, überquerte mit 30.000 Fußsoldaten und 5000 Reitern den Hellespont und fügte den Persern in einem Überraschungsangriff eine vernichtende Niederlage zu. In der Folge vertrieb er sie aus Kleinasien, schlug 333 v. Chr. in Issos im heutigen Syrien den persischen König Dareios III. und eroberte die phönizische Küste sowie Ägypten.

An der Nilmündung gründete er die Stadt Alexandria, die schnell zu einem Zentrum griechischer Kultur werden sollte und bis heute besteht. Von Ägypten aus setzte Alexander seinen Feldzug fort, überquerte 331 v. Chr. den Euphrat und den Tigris und schlug die übermächtige persische Armee bei Gaugamela erneut. Als Dareios III. ein Jahr später von einem seiner Statthalter umgebracht wurde, war es Alexander ein Leichtes, von Babylon aus das gesamte Perserreich zu annektieren und sein Herrschaftsgebiet bis über den Indus im heutigen Pakistan sowie nach Samarkand im heutigen Usbekistan auszuweiten. Als sich seine Soldaten im äußersten Osten des Reiches weigerten, weiterzumarschieren, führte er sie unter großen Anstrengungen zurück nach Babylon, wo er im zarten Alter von 33 Jahren an einer fiebrigen Infektion verstarb.

Sein Erbe war von Leid geprägt, so fanden sowohl seine Mutter Olympias von Epirus als auch seine Frau Roxane, sein Sohn Alexander, sein illegitimer Sohn Herakles, seine Schwester Kleopatra sowie viele andere Familienmitglieder einen gewaltsamen Tod. Zwar zerfiel auch sein mächtiges Imperium in der Folge in drei Reiche in Nordostafrika, auf dem Südbalkan und in der Levante, doch blieb sein Image als „größter Eroberer aller Zeiten" bis heute in den Köpfen so mancher Historiker und der allermeisten Griechen bestehen.

Ja, man ist immer noch stolz auf diesen Makedonier, der als Aléxandros o Mégas – „Alexander der Große" – in nur wenigen Jahren zu weltweitem Ruhm gelangte.

Zu den Sehenswürdigkeiten entlang der Uferpromenade zählen insbesondere das 1974 hier von Evángelos Moustákas geschaffene, sechs Meter hohe bronzene **Reiterstandbild Alexanders des Großen** auf seinem treuen Pferd Buképhalos gleich im nördlichen Abschnitt und etwas weiter südlich das **Ombréles** genannte Kunstwerk von Giórgos Zongolópoulos, dessen 40 Regenschirme auf zwölf Masten bis zu 13 Meter in die Höhe ragen.

Die Promenade begeistert also praktisch rund um die Uhr Spaziergänger, Hundebesitzer, Jogger und Radfahrer – es gibt einen breiten **Radweg** und einen Verleih namens BikeIT (s. S. 117) im nördlichen Abschnitt. Aber auch Kinder, Jugendliche und Sportbegeisterte fühlen sich hier wohl, immerhin finden sich mehrere **Spielplätze, Halfpipes** für Skateboarder und **Fitness-Parcours.**

Und wie sieht es mit einem kühlen Bad im Thermaischen Golf aus? Leider ist das **Schwimmen** im gesamten Stadtgebiet, nicht zuletzt wegen der relativ schlechten Wasserqualität und dem nahegelegenen Hafenbecken, **strengstens verboten.** Wasserratten und Badenixen sollten sich zu einem der nahegelegenen Strände (s. S. 63) aufmachen.

Man kann hier aber zu einer etwa halbstündigen **Bootstour** aufbrechen – bei Konsum eines Getränks kostenlos (s. S. 120). Für das **leibliche Wohl** sorgen **Imbissstände** und **fliegende Händler,** die u. a. gegrillte Maiskolben, Eis, Zuckerwatte und die überaus geschätzten Sesamringe namens Kouloúri verkaufen. Doch auch **Restaurants** wie das populäre **Ciel** (s. S. 75) im Jachthafen sind hier beheimatet und erfreuen sich großer Beliebtheit.

› Néa Paralía, Haltestellen Dimarchiakó Mégaro, Evzónon, Fáliro, Scholí Tiflón, Laografikó Musío, Bótsari, Pétrou Sindíka, Mégaro Moussikís, Bus 3K, 5, 6, 01X/01N

Macht süchtig: die Sonnenuntergangsstimmung an der Néa Paralía

032tn-sb

27 Archäologisches Museum ★★★ [G8]

Αρχαιολογικό Μουσείο

Das Archäologische Museum stellt eines der bedeutendsten seiner Art in ganz Europa dar und durch zeitgemäße Präsentationen wird es hier garantiert nicht langweilig. Im Mittelpunkt stehen das Leben der Menschen in Makedonien und ihre Kultur von der Frühzeit bis zur römischen Epoche.

Die Idee, Räumlichkeiten als Aufbewahrungsort für die **archäologischen „Schätze"** der Stadt zu schaffen, entstand im Prinzip direkt nach dem Ende der osmanischen Herrschaft 1912. Zuerst wurden alle antiken Funde der Region im Konak genannten Verwaltungsgebäude der Stadt sowie in der Aristoteles-Universität aufbewahrt, bis man sie 1925 in die nicht mehr genutzte **Dönme-Moschee** auslagerte.

033tn-dk

Während des Zweiten Weltkriegs wurden viele Exponate **vergraben**, um sie vor den deutschen Soldaten zu verstecken und so manches wurde erst 1951 wieder aus der Erde geholt. Spätestens dann war es notwendig geworden, ein **neues Gebäude** zu errichten, und die Stadt beauftragte Pátroklos Karantinós mit dem Bau des Museums, gerade mal 400 m vom Weißen Turm 25 entfernt. 1962 wurde es **feierlich eröffnet** und bereits 1977 geriet es platztechnisch an seine Grenzen. Nach baulichen Erweiterungen in den 1980er- und 1990er-Jahren wurde es 2004 umfassend renoviert und präsentiert sich heute als durchaus **zeitgemäß und modern** mitsamt einer Vielzahl **audiovisueller Einrichtungen.**

In **sieben nach Themen sortierten Ausstellungssälen** auf zwei Etagen befasst man sich hier mit der Geschichte Thessaloníkis und Makedoniens. Man erfährt dabei etwas über das Leben in Siedlungen der Jungsteinzeit bis zur frühen und späten Bronzezeit, die Gründung Thessaloníkis und seine Entwicklung zur wichtigsten Stadt Makedoniens sowie deren glorreichen Aufstieg in der hellenischen Epoche. Aus der Römerzeit finden sich zahllose Ausstellungsstücke, die u. a. aus der Zeit Herrschaft des Galerius (s. S. 33) stammen und somit den Besuch des Römischen Forums 8, der Rotón-

◁ Ein Meisterwerk der Antike: der bronzene Krug aus Derveni im Archäologischen Museum

da 10 oder des Galerius-Palastes 12 ergänzen.

Eindrucksvoll ist außerdem der „das Gold von Makedonien“ genannte Saal, in dem sich Gegenstände aus zahlreichen Ausgrabungen in Zentralmakedonien finden, anhand derer die **Geschichte des Goldes** unter die Lupe genommen wird. Außer auf die Verwendung von Gold (in Form von Schmuck, Münzen und rituellen Gegenständen) wird auch auf die Herstellung des Edelmetalls und die Techniken des Goldabbaus eingegangen. Hier befindet sich auch der über 2300 Jahre alte, 90 cm hohe **bronzene Krug aus Derveni,** auf dem in großartiger Ornamentik Dionysos – der Gott des Weines und der Freude – gepriesen wird.

Im Außenbereich des Museums findet sich eine **Ausstellung zum Hausbau und zu Gräbern** aus der Region, mitsamt aufwendig gefertigten **Sarkophagen.**

Das Archäologische Museum umfasst neben seinen **Dauer-** auch **Wechselausstellungen** zu unterschiedlichen Themen. Je nach Interesse kann man hier zwei bis drei Stunden verbringen und sich im Detail reichlich Wissen über die einzelnen Epochen aneignen – mit etwas Vorbereitung sollte ein Besuch auch für Kinder spannend sein. Wer hingegen nur mäßig an Archäologie interessiert ist, der braucht in etwa eine Stunde.

› 6 O. Manóli Andrónikou, Haltestelle Mousía oder YMCA (Chanth), Bus 3K, 5, 6, 11, 12, 33, 39, 58, Tel. 2313310201, www.amth.gr, April–Okt. tägl. 8–20, Nov.–März tägl. 8.30–15.30 Uhr, Eintritt 8 € (Nov.–März 4 €), erm. 4 €, Kombiticket für Rotónda 10, Weißen Turm 25, Archäologisches Museum und Museum der byzantinischen Kultur 28 erhältlich (s. S. 110)

28 Museum der byzantinischen Kultur ★★★ [G9]

Μουσείο Βυζαντινού Πολιτισμού

Ähnlich wie das nahegelegene Archäologische Museum 27 stellt auch das Museum der byzantinischen Kultur ein absolutes Highlight eines Thessaloníki-Besuchs dar, zumindest für (Hobby-)Archäologen und Geschichtsfans! Irgendwie gehören die beiden Adressen sogar zusammen, denn dort, wo das eine zeitlich endet, setzt das andere an.

Von ca. 330 bis 1430 war Thessaloníki byzantinisch geprägt und von dieser langen Epoche zeugen hier zahlreiche Exponate, die in elf Sälen nach Themen angeordnet sind. Erfreulich ist, dass auch die Präsentation durchaus **modern** ist und man erstaunlich viel Interessantes über eine Zeit erfährt, die die Stadt nachhaltig geprägt hat. Da verwundert es nicht, dass das 1994 eröffnete Ausstellungshaus, das von Kyriákos Krókos gestaltet wurde, 2005 **vom Europarat zum besten des Jahres gewählt** wurde.

Die byzantinische Zeit beginnt im historischen Sinne am 11. Mai 330, als der römische Kaiser Konstantin der Große **Byzanz** (das heutige Istanbul) zu seiner Hauptresidenz machte und es offiziell als **Nova Roma** und später **Konstantinopel** bezeichnete. Thessaloníki hatte damit zwar als Kaiserresidenz endgültig ausgedient, doch wurde es schnell zur zweitwichtigsten Metropole im byzantinischen Einflussbereich und orientierte sich an seiner großen Schwester. Nach der **Teilung des Römischen Reiches** im Jahre 395 gehörten die Stadt und die gesamte Provinz Makedonien zum östlichen Reichsteil unter Kaiser Arcadius und seinen Nachfolgern.

MEIN TIPP

Plan A? Auf ins B.!

Wer nach einem ausgiebigen Museumsbesuch Lust auf eine Erfrischung hat, der ist im stylishen Café-Restaurant B. goldrichtig. Hier, inmitten des Areals des Museums der byzantinischen Kultur 28 befindet sich dieses entspannte Kleinod mit gemütlichem Innenhof, wo man unter dem Atrium oder den Schatten spendenden Sonnenschirmen einfach mal ein paar Gänge runterschalten kann. Es gibt mediterrane Gerichte für den großen und kleinen Hunger, aber auch wer nur etwas trinken will, ist willkommen.

› **B.** €€, 2 Leofóros 3is Septemvríou, Tel. 2310869695, www.brestaurant.gr

Aus dieser Epoche bis zum Ende der byzantinischen Epoche im Jahre 1453, als sich die Osmanen Konstantinopel einverleibten, stammen im hiesigen Museum die allermeisten Ausstellungsstücke. Darunter finden sich zahlreiche **Alltags-, Kunst- und Sakralobjekte, Schmuck, Münzen,** aber auch **Mosaiken, Wandmalereien, Fresken** und **Säulenkapitelle** sowie andere Gebäudeteile, vorrangig aus Makedonien bzw. aus Thessaloníki und aus Thrakien.

Im ersten Saal wird über **frühchristliche Kirchen** informiert, Saal 2 präsentiert Aspekte des **Wirtschaftslebens, des Handwerks, des Hausbaus** sowie der Ernährung und Bekleidung der frühen Christen. Weiter geht es in Saal 3 mit dem **Totenkult**, wo die Entwicklung von Bestattungsriten seit der Spätantike dargestellt wird. Im Weiteren werden die **einzelnen Zeitepochen des Byzantinischen Reiches** präsentiert, darunter die sog. mittelbyzantinische Periode (Saal 4), die als Zeit des Humanismus und der Erziehung galt, und darauf folgend die Dynastien der Kaiser ab dem 7. Jahrhundert bis zum Fall Konstantinopels im Jahr 1453 (Vorsaal 5). Wichtig waren in diesem Zusammenhang die **Burgen und Befestigungsanlagen**, die im ganzen Reich erbaut wurden (Saal 6). Die Zeit der paläologischen Dynastie (1261–1453) wird in Saal 7 behandelt, in den Sälen 8 und 9 befinden sich gestiftete Sammlungen von **Drucken und Ikonen.** Spannend ist auch das **byzantinische Erbe** nach der Eroberung durch das Osmanische Reich (Saal 10). Die hier ausgestellten Werke – v.a. Ikonen, Drucke, Stickereien, Bücher, Silber- und Goldschmiedearbeiten – wurden unter der **Herrschaft der Venezianer und Osmanen** hergestellt. Der letzte Saal dokumentiert sehr anschaulich, u.a. digital untermauert, die Arbeit von Archäologen, also entlang der Stationen von der **Ausgrabung** eines Objekts bis hin zu seiner **Präsentation** im Museum. Außerdem finden **Wechselausstellungen** statt, von denen sich die meisten im weitesten Sinne mit dem Thema „Byzanz" befassen und häufig **Exponate anderer Museen** präsentieren. Man sollte für einen Besuch etwa zwei Stunden einplanen.

› 2 Leofóros Stratoú, Haltestelle Mousía oder Mousío Vizantinoú Politismoú, Bus 7, 10, 11, 12, 31, 33, 39, 58, Tel. 2313306400, https://mbp.gr, April–Okt. tägl. 8–20, Nov.–März tägl. 8.30–15.30 Uhr, Eintritt 8 € (Nov.–März 4 €), erm. 4 €, Kombiticket für Rotónda 10, Weißen Turm 25, Archäologisches Museum 27 und Museum der byzantinischen Kultur erhältlich (s. S. 110)

› *Auch von außen extravagant: das Makedonische Museum für zeitgenössische Kunst*

㉙ Makedonisches Museum für zeitgenössische Kunst ★ [G8]

Μακεδονικό Μουσείο Σύγχρονης Τέχνης

Das Museum für zeitgenössische Kunst (offizielle Bezeichnung: MOMus–Museum of Contemporary Art–Macedonian Museum of Contemporary Art and State Museum of Contemporary Art Collections) gehört zu den berühmtesten seiner Art in Griechenland und sorgte in der Vergangenheit des Öfteren international für Aufsehen. Die Sammlung geht v. a. auf Spenden und Leihgaben namhafter Mäzene zurück und umfasst bedeutende Gemälde, Skulpturen und Fotografien diverser griechischer und ausländischer Künstler.

Nach dem Erdbeben von 1978 bemühte sich die Stadtverwaltung verstärkt darum, die beschädigten Kulturgüter wieder instand zu setzen und das kulturelle Leben Thessaloníkis weiter auszubauen. In diesem Geist entstand auch die Idee für ein **Ausstellungshaus moderner Kunst.**

Durch das Engagement zahlreicher visionärer Bürger und durch Unterstützung des Kunstsammlers **Aléxandros Iólas** wurde es bereits 1979 hier auf dem Messegelände eröffnet. Der in Alexandria in Ägypten geborene Iólas (1907–1987), dessen Eltern aus Kos stammten, emigrierte 1935 in die USA und machte sich dort als Kunstsammler und Galerist einen Namen. Zeitweise besaß er Galerien in New York, Paris und Mailand, bis er sich ab den 1970er-Jahren mehr und mehr aus der Szene zurückzog und seinen Lebensmittelpunkt nach Athen verlagerte. Dem Museum zeitgenössischer Kunst schenkte er 47 Werke international anerkannter Künstler, die bis heute den Kern der Sammlung bilden. Es folgten weitere Spenden und Leihgaben namhafter Sammler und so beherbergt das Museum heute **mehr als 2000 Gemälde, Collagen, Skulpturen, Gravuren, Fotografien** und **Sound-** sowie **Videoinstallationen.** Darunter finden sich Werke griechischer Künstler wie Alékos Fassianós, Ángelos Skoúrtis, Dimítris Mytarás, George Vakaló, Ópy Zoúni, Tákis Moraítis oder Yiánnis Móralis, aber auch solche internationaler Größen wie Dennis Oppenheim, Jean-Pierre Raynaud, Joseph Beuys, Niki de Saint Phalle und vieler anderer. Neben diesen dauerhaft präsentierten Exponaten gibt es auch immer wieder **zeitlich begrenzte Neuzugänge** zu sehen.

› 154 Odós Egnatía, Zugang über den Südeingang zum Messegelände HELEXPO (Platía Chanth/ΧΑΝΘ), Haltestelle YMCA (Chanth), Bus 3K, 5, 6, 12, 33, 58, Tel. 2310240002, www.momus.gr/en/momus/contemporary, Do 12–20, Di/Mi, Fr–So 10–18 Uhr, Eintritt 4 €, Besuchszeit ca. 2 Std.

034tn-dk

㉚ Ethnologisches Museum ★ [ch]

Εθνολογικό Μουσείο

Ob man sich nun besonders für die Folklore und Trachten der griechischen Provinzen Makedonien und Thrakien interessiert oder nicht, ein Besuch in der wunderschönen Villa mit ihrem anmutigen Garten ist auf jeden Fall ein Erlebnis, denn sie zählt zu einem architektonischen Überbleibsel einer längst vergangenen Epoche.

Das Ethnologische Museum mit seiner umfangreichen Sammlung befindet sich etwa 200 m östlich der Neuen Uferpromenade ㉖, ungefähr auf der Hälfte des Abschnitts zwischen dem Weißen Turm ㉕ im Norden und dem Konzertsaal Mégaro Moussikís (s. S. 84) im Süden. Es ist in einer **großen, zweistöckigen Jugendstilvilla** untergebracht, die als **Villa Modiano** bekannt ist und als eine der wenigen ihrer Art bis heute die Zeit überstanden hat.

Das Gebäude wurde 1906 von **Eli Modiano** (1881–1968) entworfen, dem die Stadt auch die Modiáno-Markthalle südlich des Kapáni-Marktes ❹ zu verdanken hat. Als Sohn des jüdisch-italienischen Bankiers Jacob Modiano studierte er an der École Centrale des Arts et Manufactures in Paris und kehrte nach dem Studium in seine Heimatstadt Thessaloníki zurück, wo er **zahlreiche Bauwerke** schuf und massiv am Wiederaufbau nach dem Großbrand von 1917 mitarbeitete. Die Villa Modiano wurde zuerst als Sommerresidenz des Vaters genutzt, bis 1913 der „König der Hellenen", Konstantin I. (1868–1923), eine Zeit lang darin logierte. Danach beherbergte das Gebäude eine Militärschule, seit 1970 ist hier das Ethnologische Museum ansässig.

Im ersten Stock konzentriert sich die Ausstellung auf **vorindustrielle Technologien** traditioneller Gesellschaften. Der zweite Stock präsentiert, unterteilt nach Regionen, **traditionelle Handwerkskunst, Schmuck** und v. a. **Trachten und Festkleidung** der Provinzen Makedonien und Thrakien. So sieht man hier u. a. Karnevalskostüme oder die typische Bekleidung der **Sarakatsanen**, eines halbnomadischen Hirtenvolks aus Nordgriechenland. Außerdem finden im Erdgeschoss und in einem neueren Gebäude im Herzen des **Gartens** häufig **Wechselausstellungen** statt. Der Garten ist übrigens äußerst beschaulich. In ihm liegt das **Folk Art Café**, wo man inmitten des alten Baumbestandes gut einen Boxenstopp einlegen kann.

› 1 Odós Filíppou Níkoglou, Haltestelle Laografikó Musío, Bus 3K, 5, 6, 01X/01N, Tel. 2310889840, www.lemmth.gr, Fr–Di 9–15.30, Mi 9–21.30 Uhr, Eintritt 2 €, erm. 1 €

⌃ *Ein Kunstwerk des frühen 20. Jahrhunderts: die Villa Modiano*

MEIN TIPP

Pack die Badehose ein!

Thessaloníkis Lage am Thermaischen Golf macht es einem praktisch von überall aus leicht, einen Blick auf das dunkle Blau zu erhaschen oder eine Meeresbrise zu erschnuppern. Doch wer ins kühle Nass springen möchte, der muss sich aus der Stadt hinaus in Richtung Süden zu einem der nahe gelegenen Strände bewegen.

Gegenüber der Stadt, am südlichen Ende der Bucht, also südwestlich des Flughafens Makedonia, erstrecken sich über knapp sieben Kilometer verschiedene Strandabschnitte. Im Osten sind dies zunächst das sympathisch anmutende, ruhige **Peréa** (Περαία), dann das speziell bei Familien und Senioren beliebte **Néi Epivátes** (Νέοι Επιβάτες) und im westlichen Abschnitt das bei jungen Leuten angesagte und lebendige **Ágia Triáda** (Αγία Τριάδα). Hier ist das türkisfarbene Wasser von tadelloser Qualität und die Sandstrände sind allesamt flach abfallend, also auch für Kinder geeignet. Allerdings kann es speziell am Wochenende (sehr) voll werden. Doch bleibt es vorrangig griechisch, denn Pauschaltouristen besuchen die Strände (noch) eher selten. Am einfachsten sind diese per **Fährboot** der Firmen Karavakia (www.karavakia.gr, Tel. 6973781100) oder Poseidon Waterways (Tel. 698 8281541, https://poseidonwaterways.com) ab dem Weißen Turm 25 und dem Pier 1 13 zu erreichen (7 €, ermäßigt 5 €).

- **16 Peréa**
- **17 Néi Epivátes**
- **18 Ágia Triáda**

In weniger als einer Stunde am Strand: mit dem Fährboot ans andere Ufer der Bucht

037tn-dk

Entdeckungen außerhalb der Stadt

Thessaloníki wird auch über mehrere Tage sicher nicht langweilig, doch wer zu einem Streifzug ins Umland aufbrechen möchte, dem seien in erster Linie die beiden Ausgrabungsstätten des antiken Makedoniens empfohlen. Da wäre zunächst die Kleinstadt Pélla 31 etwa 45 Kilometer nordwestlich von Thessaloníki. Sie war die Hauptstadt des makedonischen Königreiches und ist Geburtsort Alexanders des Großen (s. S. 56). Noch etwa 25 km weiter liegen die erst 1977 entdeckten, fast vollkommen unversehrten Königsgräber von Vergína 32. Im direkten Vergleich ist Vergína zweifelsohne eindrucksvoller als Pélla, doch durch die Nähe zueinander und den historischen Kontext ist es durchaus sinnvoll, beide Ziele zu besuchen. Sie können separat als Tagesausflug auf eigene Faust oder, sehr viel praktischer, gemeinsam als Tour (s. S. 120) ab Thessaloníki erreicht werden.

31 Pélla ★

Πέλλα

In der ehemaligen Hauptstadt des antiken Makedoniens kann man heutzutage eine Ausgrabungsstätte inklusive eines Museums besichtigen. Nicht verpassen sollte man dabei die atemberaubenden Glanzstücke griechischer Mosaikkunst.

Das etwa 7000 Einwohner zählende Städtchen Pélla lässt kaum erahnen, dass von hier einmal ein junger Mann aufgebrochen ist, um einen Großteil der damals bekannten Welt zu erobern. Es war **Alexander der Große**, der 356 v. Chr. in Pélla als Sohn des makedonischen Königs Philipp II. (359–336 v. Chr.) geboren wurde. Sein Vater machte Makedonien zur Großmacht, die fast die gesamte Balkanhalbinsel beherrschte und nach gewonnenen Kriegen gegen hellenische Stadtstaaten nahezu ganz Griechenland im **Korinthischen Bund** einte.

038tn-dk

Das an der Wende vom 5. zum 4. Jahrhundert v. Chr. gegründete Pélla war die Hauptstadt dieses Königreiches und wurde nach der Einigung der Griechen zu **einer der wichtigsten Städte der Antike.** Hier verbrachte der Dramatiker **Euripides** (485/484–406 v. Chr.) seine letzten Lebensjahre und auch der Philosoph **Aristoteles** (384–322 v. Chr.) war einige Zeit in Pélla tätig und unterrichtete den jungen Alexander. Erst 168 v. Chr. wurde die Stadt im dritten Makedonisch-Römischen Krieg von den Römern erobert und war in der Folge nur mehr eine unwichtige Provinzstadt. Vermutlich zu Beginn des 1. Jh. n. Chr. wurde Pélla dann durch ein **Erdbeben** zerstört und erst Jahre später wiederaufgebaut. In der byzantinischen Zeit hieß der Ort **Agíi Apóstoli** („heilige Apostel").

Wer Pélla heute besucht, kommt v. a., um das **Ausgrabungsgelände** nördlich der Nationalstraße E86 in Augenschein zu nehmen. Zwar ist erst ein relativ kleiner Teil der **antiken Stadt** freigelegt – obwohl die Arbeiten bereits in den 1950er-Jahren begannen. Aber die Ruinen einiger Villen mitsamt **beeindruckender Kieselsteinmosaiken** und die 50.000 m² große **Agorá** können besichtigt werden. Noch nicht zur Gänze abgeschlossen sind hingegen die Arbeiten an der **Akropolis** auf dem nahe gelegenen Hügel. Neben den Ausgrabungen sollte unbedingt auch dem **dazugehörigen Museum** ein Besuch abgestattet werden, denn hier erfährt man noch einiges mehr über das Leben im alten Pélla. Unter anderem befinden sich dort zahlreiche Objekte, die Rekonstruktion einer Villa und mehrere gut erhaltene Mosaiken, darunter die sog. Löwenjagdszene, die weltweit als eine der erstaunlichsten Arbeiten ihrer Art gilt. Ein Besuch der Ausgrabungsstätte und des Museums sollte etwa zwei Stunden in Anspruch nehmen.

Zentrum einer ehemaligen Großmacht: das antike Pélla

19 Archäologisches Museum Pélla, Anreise per Bus ab KTEL-Busbahnhof (s. S. 107) direkt bis Pélla, Fahrtzeit etwa 45 Min. (Abfahrtszeiten siehe https://ktelmacedonia.gr), Tel. 2382031160, www.pella-museum.gr, April–Okt. Mi–Mo 8–20, Di 12–20, Nov.–Mär. Mi–Mo 8–16 Uhr, Eintritt 8 €, erm. 4 €

32 Vergína ★★

Βεργίνα

Ein Hauch der Begeisterung der Archäologen lässt sich in den Königsgräbern von Vergína, etwa 70 km von Thessaloníki entfernt, noch erahnen, denn es muss ein wahrlich erhabenes Gefühl gewesen sein, als hier 1977 diese gänzlich unberührten Grabstätten entdeckt wurden. Die Hauptsehenswürdigkeit bildet der große Tumulus (eine Art Hügelgrab), in dem die Asche und die Gebeine Philipps II. (359–336 v. Chr.) aufbewahrt werden und durch die die griechische Identität des antiken Makedonien endgültig belegt wurden.

Kaum ein anderer Ort ist so wichtig für das **nationale Erbe Griechenlands** wie Vergína. Als 1977 der bedeutende Archäologe **Manólis Andrónikos** und sein Team die Gräber entdeckten, stellte man schnell die These auf, dass es sich dabei um die **letzte Ruhestätte Philipps II.** handeln könnte.

Doch erst durch eine genaue Untersuchung der **Knochenreste** wurde festgestellt, dass am Schädel eine Knochenwunde am rechten Auge zu erkennen war. Laut der Überlieferung soll Philipp II. tatsächlich in der Schlacht von Methone 354 v. Chr. durch einen Pfeil ein Auge verloren haben. Außerdem fand **man zwei unterschiedlich lange goldene Beinschienen** als Teil einer Rüstung, und auch diesbezüglich bestätigen historische Texte, dass der König in der Tat zwei verschieden lange Beine gehabt haben soll. Somit gilt die Identität Philipps als weitestgehend gesichert. Aber nicht nur das: Sämtliche gefundene **Grabbeigaben** sind eindeutig griechisch inspirierter Machart und auf den Grabmälern werden **Szenen der Königsfamilie** dargestellt, auf denen sie sich zweifelsfrei klassisch griechisch darstellen. Damit ist bewiesen, dass das antike Makedonien und die Dynastie Philipps unter dem Einfluss der **griechischen Kultur** standen. Ebenso bedeutet es, dass Phillipp II. und – für die nationale Geschichtsschreibung noch viel entscheidender – auch sein Sohn **Alexander der Große** eben keine „Barbaren" waren.

Vergína ist somit ein Beweis für eine glorreiche Zeit, in der sich der griechische Staat verwurzelt sieht. Entsprechend voll kann es hier werden, denn der Besuch ist z. B. für Schulklassen aus dem ganzen Land Pflicht. Die Ausgrabungsstätte besteht insgesamt aus **neun Kammergräbern**, von denen vier unter dem **großen Tumulus** liegen, der in Form eines begrünten Betonbaus nachgebildet wurde und über dessen zwei Rampen man hinein- bzw. wieder herauskommt. Zwar ist es nicht möglich, die beiden Hauptgrabkammern zu betreten (nur die Hauptportale sind sichtbar), doch im Tumulus sind die eindrucksvollen Grabfunde ausgestellt. Dazu zählen neben einer Originalfassade samt Säulen, Stelen und Pilastern in erster Linie die **Beigaben** in Form von Schmuck, Waffen, Rüstungen und zahllosen Gegenständen, u. a. aus Gold, Silber und Bronze. Ganz besonders eindrucksvoll ist dabei die **Larnax**, eine goldene **Schatulle**, die mit dem **Stern von Vergína** verziert ist. Sie enthielt in einem Purpurtuch die angesprochenen verbrannten Gebeine Philipps II. Neben ihm waren auch **weitere Mitglieder seiner Familie** hier bestattet worden, nicht jedoch sein Sohn Alexander, der während der Amtszeit Ptolemaíos I. (367–282 v. Chr.), einem ehemaligen General der makedonischen Armee und dem späteren Herrscher **Ägyptens**, zunächst in Memphis mumifiziert und dann nach Alexandria gebracht wurde. Bis heute wurde sein Grab jedoch nicht gefunden. Ein Besuch der Grabstätten von Vergína dauert etwa eineinhalb Stunden.

Unmittelbar oberhalb des gleichnamigen Dorfes liegen die **Überreste des Königspalastes**, an dessen Füßen das antike **Aigaí** lag. Der Palast wird derzeit restauriert und kann nicht besichtigt werden, ebenso wie die nördlich liegenden restlichen Gräber.

› Anreise per Bus ab KTEL Busbahnhof (s. S. 107) bis Véria (Βέροια) und dort Umstieg in einen Bus nach Vergína (Fahrtzeit etwa 90 Min.). Die Anreise ab Pélla 31 gestaltet sich komplizierter, da es keine Busverbindung gibt, als Alternative bietet sich ein Taxi an (Fahrpreis ca. 40–50 €). Tel. 2331092347, www.aigai.gr, April–Okt. Mo, Mi–So 8–20, Di 12–20 Uhr, Nov.–März Mi–Mo 8–16 Uhr, Eintritt 15 €, erm. 8 €.

THESSALONÍKI ERLEBEN

039tn-sb

Thessaloníki für Kunst- und Museumsfreunde

Museen und Ausstellungshäuser

Wer sich für Kunst interessiert, kommt in Thessaloníki sicher nicht zu kurz. Die Stadt verfügt über eine beachtliche Anzahl Museen, von denen auffallend viele interessante Einblicke in verschiedene Bereiche der Stadt und ihrer Geschichte geben. Der Eintritt ist meist recht günstig (unter 5 €) und in manchen Einrichtungen zahlen Kinder und Jugendliche nichts. Diverse Museen sind montags und an gesetzlichen Feiertagen geschlossen, die Öffnungszeiten variieren in der Regel zwischen April und Oktober und dem Rest des Jahres.

27 [G8] **Archäologisches Museum.** Im Mittelpunkt der in sieben nach Themen angeordneten Ausstellungssäle auf zwei Etagen stehen das Leben der Menschen in Makedonien und ihre Kultur von der Frühzeit bis in die römische Epoche. Es werden zahlreiche Fundstücke wie Skulpturen, Töpferwaren, Waffen, Schmuck, Münzen, Werkzeuge u. v. a. gezeigt (s. S. 58).

› **Archäologisches Museum Pélla** (s. S. 65). Im etwa 45 Kilometer nordwestlich von Thessaloníki gelegenen Pélla erblickte Alexander der Große 356 v. Chr. das Licht der Welt. Heute kann man hier ein Museum zur Geschichte des antiken Makedoniens besuchen und angeschlossen daran findet sich auch ein Ausgrabungsgelände.

M 20 [F8] **Art Gallery of the Society for Macedonian Studies,** 1 O. Nikoláou Germanoú, Tel. 2310238601, https://ems.gr, So–Fr 9–14 Uhr, Eintritt frei. Im 6. Stock des Nationaltheaters gegenüber dem Weißen Turm 25 befindet sich die Kunstgalerie der Gesellschaft für Makedonische Studien. Ausgestellt werden ca. 150 Gemälde der aus über 400 Werken bestehenden Sammlung. Meist stammen sie von griechischen Künstlern aus der zweiten Hälfte des 19. Jahrhunderts bis in die Gegenwart.

24 [G4] **Atatürk Museum.** Im Geburtshaus des „Vaters der modernen Türkei“ Mustafa Kemal Atatürk (1881–1938) findet sich ein Museum zu seinem Leben. Ausgestellt sind zahlreiche Fotografien und Schriftstücke, aber auch persönliche Dinge wie Kleidung und Gebrauchsgegenstände (s. S. 52).

› **Cinema Museum,** Pier 1, Lagerhalle A1 (im selben Gebäude wie das Museum of Photography, s. S. 70), Tel. 2310508398, www.filmfestival.gr/en/museum/visit, Mo/Di 9–15, Mi–Fr 9–19 Uhr, Eintritt 2 €, erm. 1 €. Das Filmmuseum am Hafen bietet eine Ausstellung mit alter Kinotechnik und vielen Fotos sowie Plakaten vorrangig griechischer Produktionen. Zum Museum gehören auch ein Archiv und eine Bibliothek.

30 [ch] **Ethnologisches Museum.** Hier werden Kultur und Folklore der griechischen Provinzen Makedonien und Thrakien anhand traditioneller Handwerkskunst, Keramik, häuslichen Gebrauchsgegenständen, Musikinstrumenten, aber auch Trachten und Festkleidung präsentiert (s. S. 62).

› **Holocaust-Museum,** www.holocaustedu center.gr. Das z. Z. noch im Bau befindliche Museum gedenkt der Opfer des Holocaust und befindet sich unweit der Stelle, von der 1943 die Juden der Stadt mithilfe von 19 Zügen nach Auschwitz-Birkenau deportiert wurden. Fast alle kamen dort ums Leben. Das Leid der Juden begann 1942, als die deutschen Streitkräfte die Nürnberger Gesetze

Vorseite: 100 % Thessaloníki – einen Kouloúri (Sesamring) mit Blick aufs Meer genießen

040tn-dk

umsetzten und allen jüdischen Männern befahlen, sich auf dem Elefthérias-Platz zu registrieren. Dort wurden sie öffentlich gedemütigt und zur Schwerstarbeit abtransportiert.

15 [C5] **Jüdisches Museum.** In der Dauerausstellung wird viel über die Geschichte der sephardischen Juden und das jüdische Leben in Thessaloníki erzählt. Man sieht massive Steinplatten aus der großen jüdischen Nekropole, aber auch allerlei Dokumente, Ritualgegenstände und Fotos aus der Blütezeit der jüdischen Gemeinde. Eine separate Ausstellung befasst sich mit ihrer brutalen Verfolgung während der deutschen Besatzung (s. S. 39).

29 [G8] **Makedonisches Museum zeitgenössischer Kunst.** Dieses Ausstellungshaus umfasst mehr als 2000 bedeutende Gemälde, Skulpturen und Fotografien zahlreicher griechischer und internationaler Künstler. Neben der Dauerausstellung finden auch zeitlich begrenzte Expositionen statt (s. S. 61).

M **21** [cj] **Municipal Art Gallery,** 182 Leofóros Vasilíssis Ólgas, Tel. 2310427555 und 2313318538, Di–Fr 10–20, Sa 10–16 Uhr, Eintritt frei. In der 1905 von Piérro Arrigóni geplanten Villa Bianca befindet sich die städtische Pinakothek, in der knapp 1000 Werke lokaler Künstler aus den Jahren 1898 bis heute zu sehen sind. Neben Zeichnungen, Ölgemälden, Stichen und Gravuren findet sich auch eine Sammlung byzantinischer Ikonen.

28 [G9] **Museum der byzantinischen Kultur.** Die hiesige Dauerausstellung beschäftigt sich mit dem byzantinischen Erbe Thessaloníkis. Von dieser langen Epoche zeugen zahlreiche Exponate, die in elf Sälen thematisch angeordnet sind. Einen besonders großen Teil nimmt die Entwicklung der frühchristlichen Gemeinde der Stadt und des Umlands ein. 2005 wurde das Museum zum besten in ganz Europa gewählt (s. S. 59).

M **22** [be] **Museum of Modern Art-Costákis Collection,** 21 O. Kolokotróni, Tel. 2310589143, www.momus.gr/en/momus/modern, Di/Mi, Fr–So 10–18,

Hinter diplomatischen Mauern: das Atatürk Museum 24 befindet sich inmitten des türkischen Konsulats

Do 12–20 Uhr, Eintritt 4 €, erm. 2 €. Im staatlichen Museum zeitgenössischer Kunst im Kulturzentrum Moní Lazaristón 16 finden sich ca. 1200 Gemälde, Zeichnungen und Installationen aus der Sammlung von George Costákis (1913–1990), von denen immer nur einige gezeigt werden. Der in Moskau geborene Costákis war ein Kunstsammler, der seine Kollektion 1997 im Zuge der Ernennung Thessaloníkis zur europäischen Kulturhauptstadt an den griechischen Staat verkaufte. Die meisten Werke gehören zur russischen Avantgarde, darunter einige von Alexander Rodchenko, Kasimir Malewich, Ljubow Popowa, Wassily Kandinsky und Wladimir Tatlin. Aber auch Werke lokaler Künstler sind hier zu sehen.

23 [B6] **Museum of Photography,** Pier 1, Lagerhalle A1, Tel. 2310566716, www.thmphoto.gr, Di–Do, Sa/So 11–19, Fr 11–20 Uhr, Eintritt 2 €, erm. 1 €. Im Fotomuseum werden Wechselausstellungen verschiedener Künstler und solche zu unterschiedlichen Themen gezeigt. Das Museum ist das einzige seiner Art in Griechenland und organisiert alle zwei Jahre die Thessaloníki Photobiennale mit dazugehörigen Wettbewerben (s. S. 71).

24 [D6] **Museum of the Macedonian Struggle,** 23 O. Proxénou Koromilá, Tel. 2310229778, Mo/Di, Do/Fr 9–14, Mi 9–20, Sa 10–14 Uhr, Eintritt frei. In diesem Museum steht der Freiheitskampf gegen das Osmanische Reich und Bulgarien in den beiden Balkankriegen von 1912 und 1913 im Mittelpunkt. Ausgestellt werden neben Fotos und Zeitungsartikeln v. a. Uniformen, Waffen und andere Militaria. Das Museum befindet sich in einer 1893 vom deutschen Architekten Erich Ziller geplanten, neoklassizistischen Villa, die während der osmanischen Zeit das griechische Konsulat beherbergte.

25 Railway Museum of Thessaloníki, 3 O. Monastiríou/Elefthério Kordelió, Tel. 2310599134, Mo–Fr 10–13.30 Uhr, Eintritt frei. Das Eisenbahnmuseum befindet sich im äußersten Nordwesten der Stadt und ist seit 2001 in Betrieb. Es beherbergt seltene Ausstellungsstücke wie Originalfahrzeuge, Restaurant- und Schlafwagen des Orientexpresses, aber auch andere Lokomotiven, Waggons, Telegrafen, Werkzeuge, Uniformen und vieles mehr.

26 [B6] **MOMus-Experimental Center for the Arts,** Pier 1, Lagerhalle B1, Tel. 2310593270, https://momus.gr/en/museum/experimental-center-arts#museum, Di/Mi, Fr–So 10–18, Do 12–20 Uhr, Eintritt 4 €, erm. 3 €. Das Center for the Arts – vormals State Museum of Contemporary Art – am Hafen gehört zum gleichnamigen Ausstellungshaus im Moní Lazaristón 16 und trägt u. a. alle zwei Jahre die Biennale (s. S. 93) aus. Auf 700 m² werden ansonsten Wechselausstellungen gezeigt.

27 [dg] **Thessaloníki Olympic Museum,** O. Agíou Dimitríou Ecke 3is Septemvríou, Tel. 2310968531, www.olympicmuseum-thessaloniki.org, Mo–Fr 10–19, Sa 10–16, So 10–14 Uhr, Eintritt 3 €. Dieses in Griechenland einzigartige Museum wurde 1998 zunächst als Sportmuseum gegründet. In der Dauerausstellung präsentiert es die Geschichte der modernen Olympischen Spiele, außerdem organisiert es verschiedene Wechselausstellungen zum Thema Sport im weitesten Sinne.

25 [E8] **Weißer Turm.** Der gewaltige Rundturm beherbergt auf sechs Stockwerken das Museum zur Stadtgeschichte sowie zu Aspekten des urbanen Lebens (z. B. Handel, Freizeit oder Kultur). Man findet vorrangig Fotos und spannende multimediale Präsentationen, allerdings nur wenige Ausstellungsstücke (s. S. 53).

Kunstgalerien

Man kann Thessaloníki ganz und gar als innovative Kunstmetropole bezeichnen und dies spiegelt sich auch in der örtlichen Galerieszene wieder. Wer also Lust hat, dieser näher zu kommen, der wird bei den folgenden Adressen sicher nicht enttäuscht.

28 [E7] **Artis Causa,** 97 O. Mitropóleos, Tel. 2310223041, www.artcau.gr. Eine experimentelle Adresse, unter der es neben Malerei auch Skulpturen, Video- und Performance-Kunst, aber auch viel anderes zu bestaunen gibt.

29 [cj] **Govedárou Art Gallery,** 5 O. Geórgiou Papandréou, Tel. 2314015613, www.govedaroufineartgallery.com. Die Malerin Natasha Govedárou hat diese Galerie 2014 gegründet, in der vorrangig Gemälde und Keramiken noch relativ unbekannter Künstler ausgestellt werden.

30 [D5] **Kalfayan Galleries,** 26 O. Aristotélous, Tel. 2310225523, www.kalfayangalleries.com. Eine der namhaftesten Galerien der Stadt mit allerlei Gemälden, Einrichtungsgegenständen und Skulpturen sowie jeglicher Art von Kunstobjekten zeitgenössischer Künstler aus Griechenland und mehreren Balkanstaaten.

31 [E4] **Nitra Gallery,** 51 O. Filíppou, Tel. 2310285890, www.nitragallery.com. Seit einigen Jahren konzentriert sich Nitra v. a. auf Malerei, dabei zwar ausschließlich auf Werke griechischer Künstler, aber ganz unterschiedlicher Genres.

32 [E6] **Zina Athanassiadou Gallery,** 5 Palaión Patrón Germanoú, Tel. 2310275985, www.zinaathanassiadou.com. Hier gibt es spannende Werke lokaler Künstler der 1960er- und 1970er-Jahre, aber immer auch interessante Ausstellungen von jungen Malern – nicht selten solcher, die noch an den Kunstakademien der Stadt studieren.

MEIN TIPP

Street-Art

Thessaloníki hat eine **ausgesprochen aktive Graffitiszene** und es macht Spaß, die Stadt auf der Suche nach diesen Kunstwerken zu durchforsten! Wer dies lieber mit Anleitung tun möchte, dem sei eine **Führung von Street Art Thessaloníki Tours** empfohlen (s. S. 119). Und für richtige Fans dieser Kunstform sei auch erwähnt, dass es seit einigen Jahren sogar ein sehr erfolgreiches **Street-Art-Festival** in der Stadt gibt (www.streetmode.gr).

041tn-sb

Kunst an Hausmauern: Thessaloníki verfügt über eine lebendige Graffitiszene

Thessaloníki für Genießer

Zugegeben, die griechische Küche ist auch bei uns keine große Unbekannte. **Üppige Fleischgerichte** wie *biftéki* (Hacksteak), *keftédes* (Hackfleischbällchen), *kondosoúvli* (Grillfleisch vom Spieß), *mousakás* (Hackfleischauflauf mit Aubergine) oder die auch gerne im Fladenbrot gegessenen *gíros* oder *souvláki* kennt man auch vom Griechen zu Hause.

Interessant ist hingegen die Tradition der **mezédes**, die häufig fälschlicherweise als „Vorspeisen" übersetzt werden, jedoch eher kleine Gerichte bezeichnen, die – ähnlich wie die spanischen Tapas – zwischendurch oder als Unterlage zusammen mit Wein, *oúzo* (einem Anisschnaps) oder *tsípouro* (einer Art Grappa) serviert werden. Typische *mezédes* sind z. B. *antzoúgies* (Anchovis), *bouyourdí* (zerstoßener Feta-Käse mit Tomaten), *dolmadákia* (gefüllte Weinblätter), *fáva* (ein Mus aus gelben Platterbsen), *kolokithákia tiganitá* (gebratene Zucchini), *melitsánes tiganités* (gebratene Aubergine), *midopílafo* (Reis mit Meeresfrüchten), *taramosaláta* (Fischrogencreme), *gígantes* (Riesenbohnen in Tomatensauce) oder die weltberühmte und suchtverdächtige Knoblauch-Joghurt-Gurken-Creme *tsatsíki*.

In Thessaloníki finden sich außerdem **zahlreiche Gerichte aus der Küche Kleinasiens und des Schwarzen Meeres**, also jene Rezepte, die von den griechischen Flüchtlingen aus Regionen der heutigen Türkei mitgebracht wurden. Dazu zählen u. a. *bourekákia* (gefüllte Teigstückchen) *imám baíldi* (ein Gemüseauflauf), *lahanodolmádes* (Krautwickel, gefüllt mit Fleisch und Reis), *mantí* (gebackene Teigtäschchen mit Fleischfüllung), *piroskí* (frittierte Teigtaschen mit Kartoffelfüllung) und die typische *bougátsa* (Blätterteigpastete, s. S. 85).

Dann mal los ins nächste Lokal! Aber Vorsicht: Wer in Griechenland **essen gehen** möchte, der hat die Qual der Wahl zwischen **Estiatório** (ein einfaches Speiselokal, in dem Tagesgerichte zubereitet werden, die man warm – aber selten heiß – von der Theke bekommt), *tavérna* (eine einfache Taverne, die *psarotavérna* genannt wird, wenn es dort Fisch gibt), *psistariá* (ein Grillrestaurant), *souvlatsídiko* (ein Imbisslokal, in dem es *gíros* und *souvláki* gibt) sowie *ouzerí* (eine sog. Ouzerie, in der es die angesprochenen *mezédes*, aber meist keine Hauptgerichte gibt). Es ist übrigens unüblich, *sto germanikó típo* („auf deutsche Art") zu bezahlen, also getrennt.

Das **Trinkgeld** lässt man in der Regel einfach auf dem Tisch liegen und es sollte etwa 5 % des Rechnungsbetrags ausmachen.

Gesundheitlich unproblematisch ist in Thessaloníki übrigens das **Leitungswasser**, das zwar nicht besonders gut schmeckt, aber durchaus genießbar ist.

Gastro- und Nightlife-Areale
Bläulich hervorgehobene Bereiche in den Karten kennzeichnen Gebiete mit einem dichten Angebot an Restaurants, Bars, Clubs, Discos etc.

☒ *So lässt es sich aushalten: auf einen Drink in die Kitchen Bar (s. S. 80)*

042tn-dk

Essen und Trinken

Preiskategorien

Richtwert für ein Hauptgericht inkl. Getränk:

€	bis 15 €
€€	15–30 €
€€€	über 30 €

Griechische Küche

In den folgenden Etablissements wird man fündig, wenn es um griechische Spezialitäten gehen soll. Viele der Lokale sind einfache Tavernen oder Ouzerien, in denen es neben „echten" Hauptgerichten immer auch *mezédes* gibt.

33 [B5] **Charoupi** €-€€, 4 O. Dóxis, Tel. 2310526262, www.xaroupi.gr. Im Westen Ladádikas gelegen, serviert man hier die volle Bandbreite der kretischen Küche. Alle Gerichte werden mit den bekannten Gewürzen der Insel zubereitet und man sollte die typisch kretischen Käsesorten und natürlich den *rakí* (auch *tsikoudiá* genannt) – ähnlich dem italienischen Grappa – probieren.

34 [E6] **Ergon Agorá** €€-€€€, 42 O. Pávlou Melá, Tel. 2310288008, www.ergonfoods.com. Interessantes Gastrokonzept direkt hinter der Agía Sofía (9): Neben einem Delikatessengeschäft mit angeschlossener Metzgerei, Bäckerei, Gemüse- und Fischhandel gibt es hier auch ein modernes Bistro-Restaurant mit offener Küche.

35 [H3] **Igglis** €-€€, 32 O. Irodótou, Tel. 6938191439. Unmittelbar in der Nähe der entspannenden Ágios Nikólaos Orfanós (23) befindet sich dieses nette Lokal mit einheimischer Küche. Man sitzt unter dem Efeu und kann so in Ruhe die Áno Póli bei einem Snack und ggf. einem Glas *oúzo* auf sich wirken lassen. Erfrischend unkonventionell.

36 [E6] **Ladókolla Astropheggiá** €-€€, 10 Platía Navarínou, Tel. 2310266432. Das Ladókolla Astropheggiá mit seinem verspielten Interieur ist seit 1983 für seine simplen, aber dennoch ungemein schmackhaften Grillspezialitäten bekannt – und das zu sehr anständigen Preisen.

37 [B2] **Nama** €€, 1 O. Olímpou, Tel. 2313088241. Unkonventionelle Küche mit schönem Blick gefällig? Im hippen Nama kein Problem, denn hier speist man mit Blick auf die byzantinische Kirche Agíi Apóstoli und genießt delizíöse Neuinterpretationen traditioneller Gerichte.

38 [F3] **Néa Foliá** €-€€, 4 O. Aristoménous, Tel. 2310960383. In der kleinen Taverne im Stil der 1960er-Jahre wer-

043tn-sb

den Fleischgerichte wie Schweinesteak oder Kalbsrippen serviert, aber auch der gegrillte Oktopus, die frittierten Makrelen und natürlich die eigenen Pasta-Kreationen sind köstlich.

39 [B5] **Negroponte** €€, 24 O. Aigíptou, Tel. 2310523571. Klassische Taverne inmitten des Ausgehviertels Ladádika. Zwar gibt es viele vergleichbare Lokale, doch das Negroponte kann durchaus als etablierter Oldtimer angesehen werden. Nicht nur das Essen, auch die Atmosphäre des romantisch wirkenden Lokals sind zeitlos.

40 [F5] **Nóstos** €-€€, 131 O. Olímpou, Tel. 2310245182. Hinter der Rotónda 10 befindet sich diese einfache Taverne, in der es wunderbare Highlights der kleinasiatisch-griechischen Küche gibt. Später am Abend lauscht man Rebétiko-Livemusik (s. S. 25).

41 [E2] **Ouzerí Tsinári** €-€€, 72 O. Alexándras Papadopoúlou, Tel. 2310284028. Eine der empfehlenswertesten Ouzerien in Áno Póli! Das Gros der Kundschaft kommt wegen der gegrillten Köstlichkeiten hierher, aber auch die unkomplizierte Art der Besitzer und das nette Interieur machen das Tsinári zu einem Ort, den man schlicht und einfach immer wieder gerne aufsucht.

42 [D5] **Oúzo ston Pínaka** €-€€, 27 O. Balánou, Tel. 2310280076. Im „Ouzo auf dem Tisch" inmitten des speziell abends äußerst lebendigen Vatikióti-Viertels 5 geht es in etwa so unkonventionell zu wie es der Name vermuten lässt. Man kommt, um zu essen, zu trinken, der Livemusik zuzuhören und das Leben in vollen Zügen zu zelebrieren.

43 [B4] **Takadum** €-€€, 1 O. Agíou Mína, Tel. 2310512079. Mitten im angesagten Nightlife-Viertel Áno Ladádika befindet sich dieses Lokal, das durch sein orientalisches Interieur hervorsticht. Man bekommt *mezédes* aus traditionellen Zutaten und eine beachtliche Auswahl an griechischen Spezialitäten.

44 [E7] **To Ellinikó** €€-€€€, 9 O. Stratigoú Kallári, Tel. 2310250210, www.ellinikomeze.gr. Im To Ellinikó sitzt man wie in einem Krämerladen inmitten von Wein, Olivenöl und sonstigen Produkten. Die Karte ist reichhaltig, der Service schnell und freundlich. Was will man mehr? Kein Wunder, dass sich das Lokal gerade bei den Einheimischen größter Beliebtheit erfreut, ergo: Reservierung empfohlen.

45 [D3] **Tsaroúchas** €, 78 O. Olímpou, Tel. 2310271621. Unweit des Römischen Forums 8 befindet sich dieses kleine *estiatório* (s. S. 72), in dem es herzhafte Hausmannskost vom offenen Büfett gibt. Speziell das Mittagessen ist sehr beliebt und die *patsás* genannte Kuttelsuppe ist als „Hausmittel" gegen den Kater buchstäblich der Dauerbrenner. Denn das Tsaroúchas hat jeden Tag rund um die Uhr geöffnet.

46 [B5] **Zýthos** €€-€€€, 5 O. Katoúni, Tel. 2310540284. Bei Zýthos handelt es sich um ein äußerst populäres Restaurant in Ladádika, in dem das Essen schmackhaft und die Portionen reichhaltig sind. Das Design erinnert ein bisschen an eine französische Brasserie. Besonders schön sitzt man draußen auf der belebten Platía.

Stets köstlich: gerade bei den Mezédes genannten Häppchen kennt die Kreativität keine Grenzen

Toplokale

Hier zahlt man etwas mehr, allerdings für gute Qualität, ordentliche Portionen und hervorragenden Service. Für ein Hauptgericht und ein Glas Wein sollte man mit 20 bis 30 € rechnen.

47 [ch] **Ciel Bar Restaurant** €€-€€€, 12 Leofóros Meganou Alexándrou, Tel. 2310888000, http://cielbar.gr. Das In-Lokal im Jachtclub am mittleren Abschnitt der Neuen Uferpromenade 26 bietet neben einer abwechslungsreichen Speisekarte den ultimativen Meerblick. Zu empfehlen sind neben den diversen Salaten, *mezédes* oder Fleisch- und Fischgerichten auch die großartigen Nachspeisen und fantastischen Cocktails.

48 [C5] **Clochard** €€€, 10 O. Komninón, Tel. 2310239805, www.clochard.gr. Eine bewährte Adresse der lokalen „Nouvelle Cuisine" mit einem Touch *à la française,* in das Besucher nicht nur aus ganz Griechenland kommen, um die köstlichen, häufig wechselnden Spezialitäten im minimalistischen Dekor zu probieren.

49 [C3] **Extravaganza** €€-€€€, 8 O. Episkópou Amvrosíou, Tel. 2310529791. In diesem einem Bistro nachempfundenen Lokal im Norden der Unteren Altstadt gibt es neben einem großen Angebot an ausgefallenen griechischen Gerichten auch eklektische Kreationen von Burgern über Carpaccio bis hin zu kreativen Pastavariationen.

50 [A3] **Maitr & Margarita** €€-€€€, 3 O. Frágon, Tel. 02314 007586, www.facebook.com/maitr.margarita. Bei Maitr & Margarita kommt das Gros der Zutaten ausschließlich aus Nordgriechenland. Die Gerichte sind nicht nur köstlich, sondern auch für das Auge eine Wohltat. Neben Fleisch gibt es ein reiches Angebot an vegetarischen und sogar veganen Speisen. Auch die Weinauswahl ist spannend.

51 [E7] **Marea Sea Spirit** €€, 13 O. Lóri Margaríti, Tel. 2310257696, https://mareaseaspirit.gr. In der Nähe des Weißen Turms 25 befindet sich dieses beliebte Restaurant, in dem man neben Fisch und Meeresfrüchten wunderbar leichte Vorspeisen, frische Salate und beispiellos kreative Nachspeisen bekommt. Man sitzt im lichtdurchfluteten Innenbereich oder draußen unter dem Sonnendach.

52 [F5] **Moúrga** €€€, 12 O. Christópoulou, Tel. 2310268826. Keine Frage, das Moúrga gilt derzeit als eine der angesagtesten Adressen der Stadt, speziell für „Seafood". Ob Fisch oder Meeresfrüchte, die ungewöhnlichen, aber durchweg leckeren Zubereitungsarten sind immer ein Erlebnis – aber auch Vegetarier kommen hier auf ihre Kosten. Alle Zutaten

Smoker's Guide

In Griechenland gilt seit 2010 ein **generelles Rauchverbot** in allen geschlossenen Räumen, in denen Getränke und Speisen serviert werden, also in Gaststätten und Kneipen, aber auch in Discos, Clubs und praktisch allen öffentlich zugänglichen Gebäuden sowie in Taxis, auf Fähren usw.

Zwar gibt es einerseits nur wenig Ausnahmeregeln, doch sehen es viele Raucher, gerade zu später Stunde mit dem Verbot nicht so eng; immerhin rauchen mehr als 40 % der griechischen Bevölkerung. Aber Vorsicht! Die Ordnungshüter bemühen sich in den letzten Jahren verstärkt um die Durchsetzung des Gesetzes und **Strafen betreffen sowohl Raucher als auch Lokalbetreiber.** Ein ausgesprochenes Nichtraucherlokal unter den Bars der Stadt ist das Vogatsikoú 3 (s. S. 82).

sind frisch und entsprechend gibt es immer eine Tageskarte.

53 [B5] **Olympos Naoussa** €€€, 5 Leofóros Níkis, Tel. 2310275715, www.olymposnaoussa.gr. Das Panorama im edlen Olympos Naoussa ist eindrucksvoll, denn man befindet sich unmittelbar an der Uferpromenade. In Sachen Gastronomie wird beste griechische Nouvelle Cuisine von Chefkoch Dimítris Tasioúlas geboten. Reservierung empfohlen.

54 [cj] **Opsopoión Magganíe** €€-€€€, 6 O. Komotinís, Tel. 2310889699. Unter den vielen Restaurants sticht das kleine, ganz im Süden der Stadt gelegene Opsopoión Magganíe durch sein unaufdringliches, freundliches Personal, die ausgezeichnete Küche – man isst natürlich mediterran inspiriert – und die verhältnismäßig moderaten Preise der Mittagsmenüs heraus. Reservierung unbedingt erforderlich!

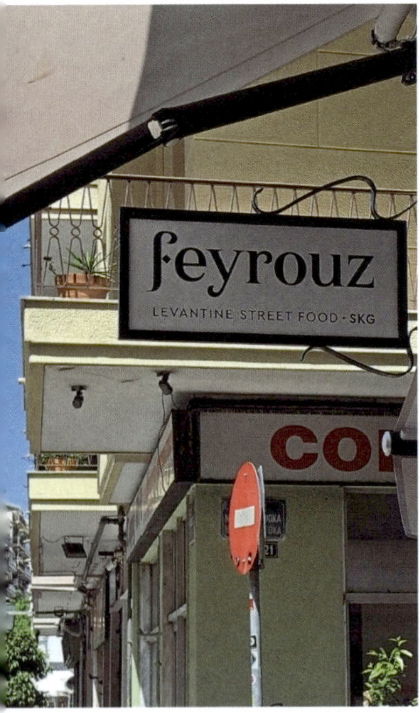

077tn-sb

In Thessaloníki kocht die Welt

Die einheimische Küche ist vielleicht nicht jedermanns Sache und nach ein paar Tagen sehnt man sich möglicherweise nach etwas anderem. Daher werden hier ein paar Adressen genannt, die einen geschmacklich weit, weit weg von *moussaká, souvláki* und *taramá* führen.

55 Alazáni €€, 35 O. Perikléous, Tel. 2313020736, https://alazani-restaurant.com. Bei Alazáni im äußersten Nordwesten der Stadt handelt es sich um ein georgisches Restaurant mit wahrlich köstlichen Spezialitäten aus dem Kaukasus, wie *Chinkali* (gefüllte Teigtaschen), *Chatschapuri* (Hefeteigbrot mit Käse) oder gegrillten Schaschlikspießen.

56 [cj] **Asian House** €€, 3 O. Koromilá, Tel. 2310864005, www.asianhouse.gr. Ins Asian House verschlägt es ob der hervorragenden Küche in- und ausländische Stäbchenfetischisten und Fans von Spezialitäten aus China, Indonesien, Thailand und Vietnam gleichermaßen. Das Lokal befindet sich im südlichen Teil der Stadt unweit der Neuen Uferpromenade 26.

57 [dh] **Evora Eatery** €€-€€€, 13 Diogénous, Tel. 2310930800, bei Facebook. Man kann das Evora getrost als „*the* steakhouse in town" bezeichnen, denn Premium-Fleischiges kann laut der Meinung vieler wirklich niemand in Thessaloníki besser! Egal ob Tenderloin, Filet oder T-Bone, sogar die Bratkartoffeln schmecken hier einfach suchtverdächtig spitzenklasse. Einziges Manko: Das Evora liegt etwas abseits im Südosten der Stadt.

Ein Hauch Levante in der Unteren Altstadt: auf ein Mittagessen zu Feyrouz

58 [E7] **Famigliano** €-€€, 5 O. Stratigoú Tsirogiánni, Tel. 2316008188, www.famigliano.com. Wegen der vortrefflichen italienischen Hausmannskost, aufgrund von guten Burgern und v. a. wegen seiner unkonventionellen, direkt familiären Atmosphäre liebt man das Famigliano! Da ergibt der Name doch gleich Sinn.

59 [E7] **Feyrouz** €-€€, 125 O. Mitropóleos, Tel. 2310251773, https://feyrouz.gr. Bei Feyrouz bekommt man herrliche Leckerbissen der syro-libanesischen Küche wie Hummus, Falafel, Fattoush usw. Es gibt zwar nur ein paar Stehplätze, dafür geht es nirgendwo in der Stadt authentischer arabisch zu.

60 [cj] **Habanera** €€, 29 O. Georgíou Papandréou, Tel. 2310869331, www.habanera.gr. In dieser traumhaften Villa serviert man Spezialitäten aus der Neuen Welt. Ob Burritos, Fajitas, Tacos, karibische Eintöpfe oder großartige Cocktails, das Habanera ist das ultimative Refugium, wenn man Lust auf lateinamerikanische Küche hat.

61 [E6] **Hayat** €€, 23 O. Paleón Patrón Germanoú, Tel. 2310230807, www.facebook.com/hayat.mikriPoli. Das hübsch dekorierte Hayat bezeichnet sich selbst als „Little Istanbul" und entsprechend gibt es hier fantastische türkische Leckerbissen inklusive traditioneller Süßspeisen und echtem türkischen Kaffee.

62 [F6] **Nargis** €€, 18 O. Kapetán Patrikí, Tel. 2310228502. Etwas versteckt in einer Seitengasse mitten in der Unteren Altstadt befindet sich das wahrscheinlich authentischste indische Restaurant Thessaloníkis. Ganz besonders empfehlenswert sind das Butter Chicken und die diversen vegetarischen Hauptspeisen!

63 [B5] **Picanha** €€, 3 O. Egíptou, Tel. 2310555458. Brasilianisch schlemmen? Im Picanha kein Problem. Neben köstlichem Fleisch finden sich hier traditionelle Speisen wie Maniokfritten, frittierte Pasteten oder die gefüllten Kibbe, aber natürlich auch die vielleicht beste Caipirinha der Stadt.

64 [E7] **Sushija** €€€, 70 O. Mitropóleos, Tel. 2310229000, https://sushija.gr. Wer elegant japanisch speisen möchte, der macht hier nichts falsch. Wenn es um kreatives Sushi und Sashimi geht, gilt das Sushija als eine der Topadressen in ganz Griechenland – das hat natürlich seinen Preis.

Der kleine Snack für zwischendurch

Genug des üppigen Schlemmens? Thessaloníki verfügt über wahrlich unzählige Lokalitäten, in denen man auch mal schnell den kleinen Hunger stillen kann, dabei aber über erfrischend wenige internationale Fastfood-Ketten.

65 [D6] **Derlicatessen** €, 7 O. Ioánni Koúskoura. *Biftéki* und *souvláki* gibt es gefühlt an jeder Ecke der Stadt, doch bei Derlicatessen sind sie eine Liga besser. Denn hier ist alles frisch (inklusive der Pommes) und man hat die Wahl zwischen mehreren Saucen. Kein Wunder, dass hier immer viel los ist – auch bei Nachteulen erfreut sich das Lokal größter Beliebtheit.

66 [G7] **Falafel House** €, 54 O. Alexándrou Svólou. An diesem Imbissstand bekommt man großartige Falafel im Sandwich in verschiedenen Ausführungen (original, klassisch, griechisch, scharf etc.).

67 [D4] **Kalogerópoulos** €, 51 O. Vláli. Mitten im Gewusel des Kapáni-Marktes **4** liegt dieser Gyros-Stand, der seit 1969 eine Art Institution darstellt.

68 [B4] **Pizza Hood** €-€€, 2 O. Ernéstou Emprár. Das Lokal steht unweit der geschäftigen Odós Tsimiskí **3** und rühmt sich, die Pizzen auf original neapolitanische Art zu backen.

69 [D5] **Strátos** €, 23 O. Aristotélous. In der Konditorei mit Straßenverkauf gibt es wunderbare salzige und süße Verführungen wie die griechischen Sandwiches

Meine Tipps

Lecker vegetarisch

Fleischlos zu essen, ist in Thessaloníki natürlich vollkommen unproblematisch, stehen doch fast überall reichlich vegetarische *mezédes*, Salate und Hauptgerichte in Form von gegrilltem Gemüse oder Eintöpfen auf den Speisekarten. Neben allen hier aufgeführten griechischen Lokalen gibt es speziell im **Asian House** (s. S. 76), **Feyrouz** (s. S. 77) oder **Nargis** (s. S. 77) viel Gemüsiges in unterschiedlichen Ausführungen. Ein rein veganes Restaurant ist das rOOTS, in dem man sehr abwechslungsreiche Gerichte – von griechisch, über asiatisch bis hin zu Burgern – bekommt:

73 [D5] **rOOTS** €€, 4 O. Balánou, Tel. 2310268063

Für den späten Hunger

Auch spätabends ist es in Thessaloníki nicht besonders schwierig, etwas zum Essen aufzutreiben, z. B. bieten das **Derlicatessen** (s. S. 77) und das **Yók Balík** (s. unten) bis weit nach Mitternacht warme Küche und das **Tsaroúchas** hat sogar 24/7 geöffnet. Überall, wo es eine Handvoll Bars auf einem Fleck gibt, die noch offen haben, ist auch der nächste Imbiss nicht weit. Und für ein Betthupferl im Hotel? An den fast überall zu findenden Kiosken – auf Griechisch „períptero" genannt – findet man Snacks und Getränke, und das bei vielen rund um die Uhr.

Lokale mit guter Aussicht

Wer mit Meerblick speisen möchte, dem seien zunächst die diversen Lokale auf der Leofóros Níkis [B5–E8] oder das **Ciel Bar Restaurant** (s. S. 75) auf der Neuen Uferpromenade 26 bzw. die **Kitchen Bar** (s. S. 80) am Pier 1 13 empfohlen. In der Áno Póli sind besonders das **Café Castra** (s. S. 79), das **Kreonídis** oder das **Tícho Tícho** (s. S. 50) nicht zuletzt wegen des Blicks wirklich etwas Besonderes. Wer während eines Mittag- oder Abendessens ein bisschen byzantinisches Flair erleben möchte, dem sei das **Nama** (s. S. 73) ans Herz gelegt.

píttes oder die Blätterteigpastete *bougátsa* – da ist die Diät schnell vergessen.

70 [B5] **Ta Bakaliarákia tou Arístou** €, 3 O. Katoúni. Wenn es um Fish and Chips geht, kann in Thessaloníki vermutlich niemand mit dem alteingesessenen Familienunternehmen Ta Bakaliarákia unweit des Pier 1 13 mithalten. Dazu passt übrigens der harzige Retsína perfekt.

71 [B4] **Tarantino** €, 3 O. Ernéstou Emprár. Weltklasseburger, Pulled Pork, Sandwiches u. v. m. sowie die vielleicht besten Pommes weit und breit gibt es in diesem kleinen, aber immer vollen Laden. Auch für Vegetarier gibt es Variationen.

72 [F7] **Yók Balík** €, 34 O. Ethnikís Amínis. Dieses kultige Fastfood-Lokal bietet das gesamte Sortiment der einheimischen Streetfood-Variationen, abgesehen von Meeresgetier, denn der Name ist türkisch und heißt „es gibt keinen Fisch". Im Unterschied zu vergleichbaren Lokalitäten kann man hier nicht nur Sandwiches von der Theke bestellen, sondern auch alles als *merída* (Portion) im Sitzen verspeisen. Speziell bei Studenten sehr beliebt.

Kein Platz mehr im Café? Kein Problem, Bougátsa und Frappé to go sind immer eine gute Alternative.

Cafés, Eiscafés und Konditoreien

Man unterscheidet in Thessaloníki einerseits Cafés (*kafetería* genannt), die sich ähnlich wie in Mitteleuropa präsentieren und in denen man auch Süßes und manchmal Sandwiches o. Ä. bekommt. Andererseits findet man die Institution des *kafeníon*. Hierbei handelt es sich um meist von (älteren) Männern frequentierte Lokale, in denen man v. a. griechischen Mokka konsumiert und bei einer Runde *távli* (ähnlich dem Backgammon), mit Freunden oder der Tageszeitung für ein paar Stunden den Alltag vergisst.

74 [J1] **Café Aithrio,** 7 O. Dimitríou Tzáchila. Wer den Aufstieg bis zum Eptapírgio (22) geschafft hat, der kann in diesem idyllischen Café mit Garten direkt unterhalb des Eingangs des ehemaligen Gefängnisses eine Stärkung einnehmen. Besonders köstlich ist der Joghurt mit Honig und Nüssen.

75 [H2] **Café Castra,** 122 O. Eptapirgíou. Beliebt bei Alt und Jung liegt dieses Café unterhalb der Stadtmauer (21) im Herzen der Áno Póli. Man kommt morgens auf einen Cappuccino und zum Frühstück vorbei, tagsüber auf einen Frappé und gegen Nachmittag auf ein Glas *oúzo* o. Ä. Doch egal wann man das Castra aufsucht, das Highlight ist hier immer der spektakuläre Blick.

76 [E6] **De Facto Café,** 19 O. Pávlou Melá. Ein klassisches Kaffeehaus, das auch in Paris oder Mailand stehen könnte. Viele Künstler und Intellektuelle kehren hier ein und es finden häufig Lesungen sowie Ausstellungen mit Gemälden und Fotografien statt.

77 [E6] **Estrella,** 48 O. Pávlou Melá, https://estrella.gr. Unter dem Motto „World Street Food" geht es hier ein bisschen wie in einem amerikanischen Diner zu. Pancakes, Bagles und Omelettevariationen stehen im Vordergrund, aber auch wer nur auf einen Kaffee vorbeischaut, ist willkommen.

78 [C5] **Fregio (1),** 3 O. Aristotélous, www.fregio.gr. Schlicht und einfach: Fregio ist eine Kette äußerst beliebter Eissalons. Vanille, Erdbeere, Schokolade oder „exotischere" Sorten – hier wird man sicherlich fündig. Eine weitere Filiale gibt es am Meer:

79 [D6] **Fregio (2),** 27 Leofóros Níkis

80 [G4] **I Prígkipos,** 22 O. Apostólou Pávlou. Unmittelbar beim Atatürk Museum (24) steht dieses charmante *kafeníon* im Art-déco-Stil. Hier schauen v. a. die Einheimischen der umliegenden Gegend gerne auf einen griechischen Kaffee, ein erfrischendes Bier (auch deutsche Sorten) oder einen mehr oder weniger üppigen Snack vorbei.

044tn-sb

81 [B6] **Kitchen Bar,** Pier 1, Lagerhalle B. Hier am Hafen ist der Blick über die Bucht ganz großes Kino. Ob auf einen Kaffee, eine Süßspeise, etwas Alkoholisches oder bei Hunger auch auf ein Club-Sandwich, einen Salat, eine Portion Pasta o. Ä., die Kitchen Bar ist ein seit Jahren erfolgreicher Allrounder.

82 [C5] **Old Street,** 15 O. Komninón. Lust auf eine Erfrischung inmitten von 1001 Nacht? Zwar mag das etwas übertrieben klingen, aber im Old Street sitzt man gegenüber dem Yachoúdi-Hamam (s. S. 23) und kriegt so noch etwas osmanisches Flair vermittelt.

83 [E6] **Proto Patoma,** 97 O. Tsimiskí, Tel. 2310223331. Etwas unscheinbar im ersten Stock eines Wohnhauses befindet sich dieses selbst ernannte „Art Café". Gemütlich wie in einem Wohnzimmer sitzt man hier und genießt wundervolle Süßspeisen zu herrlichem Kaffee.

84 [B4] **The Blue Cup,** 8 O. Salamínos, http://thebluecup.gr. Charmantes Café im Backstein-Stil in Ladádika, in dem man eine reiche Auswahl an Kaffeesorten unterschiedlicher Zubereitung bekommt. Es gibt auch leckere Kleinigkeiten zu essen, abends verwandelt sich das Lokal in eine Cocktailbar.

85 [E4] **The Blues Bar,** 84 O. Olímpou. Auf der vorgelagerten Terrasse dieser Bar-Café-Kombination sitzt man unmittelbar über dem Römischen Forum 8. Neben Kaffee und allerlei anderen Getränken bekommt man kleine Snacks und diverse Süßspeisen.

86 [C4] **The Caravan Café,** 1 O. Rémpelou, Tel. 2313062790, https://thecaravancafe.gr. Trendiges Café mit reichhaltigem Frühstücksangebot von Eierspeisen über Sandwiches bis zu Pancakes. Ideal für einen kalorienreichen Start in den Tag.

87 [D4] **To Anatolikón,** 1 O. Kleisoúras. In diesem *kafeníon* gibt es neben griechischem Mokka, gutem Frühstück und kleinen Gerichten jeden Abend Rebétiko-Livekonzerte. „Der Anatolier" ist definitiv eines der authentischsten Lokale der Stadt!

Es ist immer etwas los: das Nightlife Thessaloníkis ist in ganz Griechenland berühmt

Kleines griechisches Kaffee-ABC

Natürlich bekommt man in praktisch jedem Café auch die üblichen, weltweit verbreiteten Varianten wie Espresso, Cappuccino und Latte Macchiato. Zu den weit beliebteren Kaffeevarianten gehören jedoch der angeblich in Thessaloníki erfundene „frappé" (ein kalt aufgeschäumter Instantkaffee mit Eiswürfeln), den es wahlweise mit oder ohne Milch gibt, aber auch der „freddo espresso" bzw. „freddo cappuccino" (jeweils mit Eiswürfeln). Wer es noch „einheimischer" angehen will, der kann einen „ellinikós kafés" probieren, also einen ungefiltert aufgekochten Mokka. Aber Vorsicht, in der Tasse befindet sich auch der Kaffeesatz, den man nicht mittrinken sollte. Bei vielen dieser Kaffeearten muss man im Vorfeld dazusagen, ob man sie „skéto" (ohne Zucker), „métrio" (mittelsüß) oder „glikó" (sehr süß) möchte. Wer Filterkaffee bevorzugt, bestellt einen „gallikós kafés", entkoffeinierter Kaffee heißt „kafés dekafeiné".

Thessaloníki am Abend

Thessaloníki verfügt über eine Vielzahl schick-grooviger Bars und Kneipen sowie über eine äußerst lebendige Livemusikszene. Die Gegenden mit den kürzesten Nächten sind natürlich zuerst einmal **Ladádika** 14 und das Gebiet um den **Bit Bazaar** (s. S. 29) und die **Odós Tosítsa** [D3]. Aber auch auf der **Platía Navarínou** (s. S. 34), in der **Leofóros Níkis** [B5–E8] und in den **Straßen um den Weißen Turm** 25 ist meist bis frühmorgens etwas los. Die alternative Szene findet sich um den **Trigónios-Turm** (s. S. 50) in der Áno Póli ein.

046tb-sb

Bars und Kneipen

88 [E7] **Alea,** 12 O. Isávron, Tel. 2310281614, tägl. 20–3 Uhr. Die vielleicht angenehmste Weinbar der Stadt, mit einem großen Angebot an einheimischen und ausländischen Tropfen. Hier fühlt man sich gleich zu Hause, denn es geht äußerst familiär zu.

89 [ch] **Casablanca Social Club,** 18 Leofóros Vasilíssis Ólgas, Tel. 2311243609, tägl. 9.30–3 Uhr. Gemütliche Bar in einer 1888 von Levi Modiano gebauten Villa, die gerade wegen ihrer angenehm relaxten Atmosphäre beliebt ist. Neben einer reichen Getränkeauswahl (die Single-Malt-Selektion ist sagenhaft) bekommt man auch kleine Speisen. Wem nach frischer Luft ist, der sollte sich einen Platz im Garten suchen.

90 [D6] **Garçon Brasserie,** 2 O. Agías Sofías, Tel. 2310253033, www.garcon.gr, tägl. 9–3 Uhr. Die zweistöckige Garçon Brasserie an der Uferpromenade Leofóros Níkis wirkt ein bisschen eleganter als die Konkurrenz und tatsächlich stellt das Lokal hohe Ansprüche an sich selbst. Man kommt gegen Abend auf einen Snack und ein Getränk oder tagsüber auf einen Kaffee.

91 [B4] **Gorílas,** 3 O. Véroias, Tel. 2313086274, tägl. 9–4 Uhr. Das Gorílas gehört zu den bestfrequentierten Bars der Stadt. Die Drinks sind hier echte Kunstwerke – weshalb die Barkeeper in regelmäßigen Abständen diverse Auszeichnungen gewinnen. Das Lokal befindet sich im äußerst angesagten Viertel Áno Ladádika.

92 [E7] **On the Road,** 61 Leofóros Níkis, Tel. 2310271240, www.ontheroadbar.gr, tägl. 19–4 Uhr. Charmantes Kellerpub im Schiffsdekor. Gleichermaßen ideal zum relaxten Ausklingenlassen eines Abends und zum Vorglühen für eine lange Clubbing-Nacht.

MEIN TIPP

Allein in Thessaloníki?

Keine Sorge! Die Einheimischen sind in der Regel redselig und scheuen sich nicht, mit Fremden ins Gespräch zu kommen. Wichtig ist dabei, diesen spontanen Treffen mit Humor und einem Augenzwinkern zu begegnen. Kontakte sind schnell geknüpft, doch echte Freundschaften brauchen etwas Zeit. Fast alle Pubs und Kneipen in Ladádika ⓮ sowie entlang der Leofóros Níkis [B5–E8], aber auch überall sonst eignen sich bestens dafür, um alleine einen Drink zu sich nehmen und dabei vielleicht mit Einheimischen ins Gespräch zu kommen – nur Mut!

93 [B5] **Rover Bar,** 6 O. Salamínos, Tel. 2310544304, tägl. 12.30–4 Uhr. „Alt und immer noch gut" beschreibt dieses Lokal in Ladádika wohl am besten. Die Musik ist Indie-Rock-lastig, man hat drei Etagen zur Auswahl, wobei die oberste wegen ihres Ausblicks beliebt ist, und sonntags gibt es einen netten Basar mit handgemachten Kunstartikeln.

94 [B3] **Utopia,** 11 O. Gládstonos, Tel. 6974489347, www.utopia-taproom.gr. In diesem sog. Taproom werden sich Craftbeer-Liebhaber wohlfühlen. Rund zwölf verschiedene griechische Sorten werden frisch gezapft angeboten.

95 [D7] **Vogatsikoú 3,** 3 O. Vogatsikoú, Tel. 2310222899, http://vogatsikou3.gr, tägl. 9–3 Uhr. Coole Bar, die gerade durch ihre wunderbaren Drinks – Gin, Rum, Whisky, aber auch geniale Cocktails – besticht. Rauchfrei!

96 [B4] **Ypsilon,** 5 O. Edéssis, Tel. 2310530480, www.facebook.com/ypsilonproject, Mo–Sa 9–2, So 9–24 Uhr. Trendiges Café in einem klassizistischen Gebäude mitten in Ladádika ⓮, das abends zu einer lebendigen Bar mit angesagten DJ-Partys wird.

Livemusik, Clubs und Discos

Livemusik – vor allem **Rebétiko** (s. S. 25) – ist in Thessaloníki fast allgegenwärtig, z. B. in den Tavernen und Ouzerien in Vatikióti ❺ oder in Ladádika ⓮. Aber es gibt auch zahlreiche Locations, die man explizit für **Konzerte** aufsucht, darunter die sog. *bouzoúkia* (s. S. 83). Anders sieht es mit dem Tanzen aus, denn das Hauptkonzept des Ausgehens besteht darin, in einem Lokal etwas zu trinken, kleine Speisen zu naschen und dabei zu plaudern. Echte **Clubs und Discos** sind eher rar gesät und beschränken sich musikalisch auf Rock, Punk, Heavy-Metal und etwas seltener auf House und Techno. Die Eintrittspreise – sofern überhaupt Eintritt erhoben wird – sind meist moderat und auch die Getränkepreise sind selten happig. Und wann geht's los? Nun, die meisten Locations öffnen zwischen 20 und 22 Uhr, doch vor Mitternacht läuft man sich erst warm. Informationen über das aktuelle Programm findet man (leider nur auf Griechisch) auf **https://salonicanights.gr.**

97 [E3] **Aígli Gení Hamám,** 3 O. Agíou Nikoláou, Tel. 2313059024, https://aigligenihamam.gr, tägl. 14–6 Uhr. Eine der schönsten Locations Thessaloníkis in einem alten türkischen Hammam aus dem 16. Jahrhundert. Es geht stilvoll zu und das Aígli Gení Hamám eignet sich als erste Station einer Nightlife-Tour. **Bei Drucklegung war das Aígli Gení Hamám wegen Umgestaltung geschlossen.**

98 [E7] **Berlin,** 8 O. Chrisostómou Smírnis, Tel. 2315557939, www.facebook.com/berlinbarthessaloniki, Mi–Mo 1–9 Uhr. Angesagter Underground-Nightspot mit erstaunlich viel Trubel bis frühmorgens. Es handelt sich beim Berlin zuallererst um eine Bar, aber es gibt auch eine Tanzfläche – mit Schwerpunkt auf House- und Techno-Klängen – und ein äußerst gemischtes Publikum.

99 [af] **Block 33,** 33 O. 26is Oktovríou, Tel. 2310533533, Facebook: block33.gr, je nach Konzert unterschiedliche Öffnungszeiten. Ideal für einen tieferen Blick in die lokale Musikszene. In dieser Gerberei – Baujahr 1907 – treten bekannte Musiker aus dem ganzen Land auf. Definitiv ein Erlebnis.

100 [B4] **Cabare,** 28 O. Katoúni (1. Stock), Tel. 6984841841, https://cabare.com.gr, Do/So 22.30–4.30, Fr/Sa 22.30–6.30 Uhr. Angesagter Nightclub mit überbordendem Dekor und Bühnenshows zu coolen Sounds. Neben einer Tanzfläche gibt es auch eine Bar mit plüschigen Sitzecken.

101 [B5] **Eightball,** 1 O. Píndou, Tel. 6937176490, https://eightballclub.gr, je nach Konzert unterschiedliche Öffnungszeiten. Hier sind Heavy-Metal- und Hardrock-Fans zu Hause. Es gibt Livekonzerte und Musik vom DJ, darunter auch häufig zu anderen Musikstilen wie Pop der 1980er- und 1990er-Jahre. Außerdem finden häufig Studentenpartys statt.

102 [B4] **La Doze,** 1 O. Vilará, Tel. 2310532986, tägl. 20–6 Uhr. Wer auf House und Techno von renommierten DJs steht, ist in diesem Zwischending aus Bar und Club definitiv gut aufgehoben.

103 [H2] **Propyleon,** 130 O. Eptapirgíou, Tel. 2310202495, unregelmäßige Öffnungszeiten. Tagsüber ist das Propyleon direkt an der Stadtmauer 21 ganz oben in Áno Póli eine Art Bistrot, in dem man essen kann. Doch abends „mutiert" es zu einem wunderbaren Ort für improvisierte Konzerte. Da kann es schon mal sein, dass sich ganz zufällig Musiker zusammenfinden und auf Zurufe aus dem Publikum Schnulzen, Schlager und alte Gassenhauer spielen.

Bouzoúkia – Feiern auf Griechisch!

Neben 08/15-Nightlife-Locations gibt es die „bouzoúkia" genannten Nachtclubs, in denen meist mehr oder weniger bekannte Sänger mit ihren Musikern und häufig auch noch mit professionellen Tänzern auftreten. Die hier gespielten Schlager gehören fast ausschließlich zur griechischen, meist recht kitschigen Folkmusik, die man als „laikó" bezeichnet. In einer „bouzoúkia" gibt es eine Bühne und davorstehende Tische, an denen die Gäste Platz nehmen und vorrangig salzige Snacks und alkoholische Getränke konsumieren. Zu später Stunde singt so mancher Gast mit den Interpreten auf der Bühne und tanzt dabei nicht selten auf den Tischen. Noch bis in die 1970er-Jahre war es üblich, Teller zu Füßen der Künstler zu werfen, doch mittlerweile wurden diese durch Blumen ersetzt. Die Blumen werden separat an der Garderobe des Clubs in Schalen oder Körben zu zehn oder zwanzig Stück verkauft und machen bei manchen Besuchern den absoluten Löwenanteil der Rechnung aus. Wer echte einheimische Lebensfreude erleben möchte, der sollte eine „bouzoúkia" besuchen. Mögliche Adressen sind unter anderem die im Folgenden genannten, doch es ist dringend angeraten, im Vorfeld rechtzeitig zu reservieren.

104 [G7] **Moúses en Choró,** 25 O. Aggeláki, Tel. 6944327397, www.facebook.com/mousesenxoro

105 [D5] **Stage Live,** 43 O. Vasiléos Iraklíou, Tel. 2310231555, www.stagelive.gr

106 [E6] **Pulp Bar,** 8 O. Alexándrou Svólou, Tel. 2310270830, tägl. 9–4 Uhr. Ein Club, der vorrangig Alternative-Rock, Punk-Musik, Hardrock u. Ä. spielt. Hier geht es sehr locker zu. Die Getränkeauswahl ist überdurchschnittlich groß.

Konzerte, Theater und Kino

Neben Athen ist Thessaloníki fraglos die **zweite Kulturmetropole Griechenlands,** versucht sich dabei aber auf sehr eigenständige Art und Weise auf die lokalen Eigenheiten und auf die Unterschiede zur Hauptstadt zu konzentrieren. Thessaloníki bietet eine Fülle guter Theater- und Musikdarbietungen. Aktuelle Hinweise auf das Programm findet man auf den Websites der entsprechenden Häuser. In der Regel kann man dort oder auf www.ticketservices.gr online Tickets erwerben.

047tn-sb

107 [cj] **Mégaro Moussikís,** O. 25is Martíou, Tel. 2310895800, www.tch.gr. Wenn es um Ballett, klassische Konzerte, Opern, Operetten oder auch griechische Musik geht, dann ist das städtische Konzerthaus am südlichen Ende der Neuen Uferpromenade 26 der perfekte Ort! In diesem modernen Gebäude spielen ausschließlich brillante nationale und internationale Künstler auf.

16 [be] **Moní Lazaristón.** In diesem Kulturzentrum befinden sich u. a. eine Außenstelle des Nationaltheaters Nordgriechenlands sowie das Staatliche Symphonieorchester. Im Rahmen des Moní Lazaristón Festivals (s. S. 93) finden hier regelmäßig zahlreiche Konzerte, Theaterstücke und weitere Events statt (s. S. 41).

108 [af] **Mylos,** 56 O. Andréou Georgíou, Tel. 2310551836, www.mylos.gr. In diesem in einer ehemaligen Getreidemühle untergebrachten Kulturzentrum finden ausgefallene Events statt, die von Ausstellungen über Lesungen bis zu Konzerten reichen.

109 [F8] **National Theatre of Northern Greece,** 2 O. Ethnikís Amínis, Tel. 2315200200, www.ntng.gr. Unmittelbar gegenüber dem Weißen Turm 25 befindet sich das Nationaltheater Nordgriechenlands, das derzeit das größte des ganzen Landes darstellt. Schwerpunkt sind gleichermaßen klassische und zeitgenössische Stücke auf Griechisch, doch auch internationale Ensembles treten hier auf. Die meisten Aufführungen finden im fast 700 Sitzplätze fassenden Vasilikó Theatre schräg gegenüber statt.

110 [C6] **Olympion,** 10 Platía Aristotélous, Tel. 2310378404. Thessaloníkis Cineasten-Treff zeigt nicht nur Mainstream-Filme, sondern auch Streifen für echte Insider, und das häufig im Rahmen themenorientierter Filmevents wie dem Thessaloníki Film Festival (s. S. 94).

Thessaloníki zum Stöbern und Shoppen

Shoppen wird in Thessaloníki ganz groß geschrieben, bietet die Stadt doch ein erstaunlich vielfältiges Angebot an Modeboutiquen und Geschäften mit typischem Kunsthandwerk, regionalen Spezialitäten und mehr oder weniger kitschigen Souvenirs. Die Haupteinkaufszone erstreckt sich im Wesentlichen über das Gebiet um die Odós Tsimiskí 3 mit ihren Shops und Einkaufszentren, aber natürlich auch auf die Odós Aristotélous 2. Doch auch andernorts, vorrangig in der Unteren Altstadt, finden sich vielfältige Shoppingangebote.

Süßes

In den folgenden Geschäften gibt es *gliká* – süße Mitbringsel – wie Pralinen, Konfekt, Torten oder die berühmten lokalen Spezialitäten wie *baklavás* (Blätterteigröllchen mit Nüssen und Sirup), *kadaífi* (Blätterteigfäden mit Nüssen und Sirup), *karidópita* (Wallnusskuchen), *loukoumádes* (frittierte Hefebällchen), *loukoúmi* (Sirupgelee) und natürlich die typisch nordgriechische **Bougátsa** (Blätterteigpastete), die wahlweise mit Vanillecreme- oder Grießpuddingfüllung, jedoch auch in salziger Ausführung mit Hackfleisch-, Spinat- oder Schafskäsefüllung verkauft werden.

111 [E7] **Bougátsa Giánnis,** 106 O. Mitropóleos. Für viele Einheimische gibt es hier die beste *bougátsa* der Stadt, und das in vielen Variationen, ob süß oder salzig!

Erholung gefällig? Das Angebot an entspannten Lokalen ist überbordend

112 [C5] **Chatzís,** 24 O. Mitropóleos. Seit 1908 ist in diesem ultimativen Süßigkeitentempel einfach alles *yummy!* Probieren Sie die *baklavás,* den *revaní* (Grießkuchen) oder den unwiderstehlichen Reispudding namens *rizógalo.* Eine Filiale befindet sich in der Modiano-Markthalle (s. S. 90).

113 [E3] **Dorkáda,** 91 O. Kassándrou. Joghurt mit Honig *(yaúrti me méli)* kann geradezu als griechische Nationalsüßspeise bezeichnet werden und bei Dorkáda ist man diesbezüglich im Paradies gelandet und kann sich den Joghurt auch reisetauglich einpacken lassen.

114 [D6] **Mastiha Shop,** 12 O. Vogatsikoú. Interessante Produkte wie Bonbons, Kaugummi, Kekse, Lokum, Toffee u. v. m. aus dem Harz des Mastixstrauches gibt es hier. Speziell die Insel Chíos ist für ihren Mastix bekannt.

115 [E7] **Mouroúzi,** 95 O. Mitropóleos. Beim Thema Konfekt, Marzipan, Spritzgebäck oder Torten kann vermutlich niemand in der Stadt mit Mouroúzi mithalten. Die Kreationen sind nicht nur schlichtweg köstlich, sondern noch dazu äußerst kreativ und schön anzusehen.

116 [C5] **Sokolata Agapitos,** 10 O. Tsimiskí. Naschkatzen werden bereits dem Anblick des Schaufensters kaum widerstehen können, geschweige denn dem Angebot an unfassbar guten Schokoladensorten im Innern.

117 [C5] **Terkenlís (1),** 30 O. Tsimiskí/ Ecke O. Aristotélous, Tel. 2310271148, https://terkenlis.gr. Seit 1948 ist Terkenlís eine wahre Institution in Thessaloníki. Von Flüchtlingen aus Kleinasien gegründet, hat man sich in dieser Patisserie vorrangig den süßen Seiten des Lebens verschrieben. Zu den Spezialitäten gehören der *tsouréki* genannte Hefezopf, den man in zahlreichen Ausführungen bekommt, und der Apfelstreuselku-

Shoppingareale
Die wichtigsten Shoppingbereiche der Stadt sind im Kartenmaterial mit einer rötlichen Fläche markiert.

chen namens *milopitákia stroízel*, aber auch Eis, Kuchen, Torten und sogar salzige Leckerbissen wie *tiropitákia* (Blätterteigtaschen mit Schafskäsefüllung) gibt es hier! Neben der Hauptfiliale finden sich auch weitere, über die Stadt verteilt, z. B.:

118 [D5] **Terkenlís (2),** 33 O. Agías Sofías/Ecke O. Ermoú, Tel. 2310244877

119 [E7] **Trígona Elenídi,** 13 O. Dimitríou Goúnari. Bei Elenídis ist man auf die sog. *trígona* spezialisiert, ein kleines Blätterteigtäschchen in Dreieckform, das mit einer Karamellcreme gefüllt wird. „Leider" sehr suchtverdächtig!

Mode und Accessoires

Junge Mode in kultigen Designerboutiquen findet man v. a. entlang der Odós Tsimiskí 3 und ihren Seitengassen wie der Odós Proxénou Koromilá und der Odós Mitropóleos. Ebenfalls in diesen beiden Straßen sind auch die Flagshipstores der Haute Couture angesiedelt.

120 [C6] **Access Fashion,** 43 O. Mitropóleos. Access Fashion bietet feminine Mode aus eigenen Kreationen, die sowohl verspielt und wild als auch elegant ist. Somit sind die Stücke hier garantiert zu 100 % „designed in Hellas". Mehr zu den Kollektionen gibt es auf www.accessfashion.gr.

121 [D6] **Attica,** 48–50 O. Tsimiskí, www.atticadps.gr. Bei Attica handelt es sich um ein klassisches Modekaufhaus für sie und ihn. Auf insgesamt sieben Stockwerken findet sich nach dem Shop-in-Shop-Prinzip so ziemlich alles, was das Fashionista-Herz begehrt.

122 [D6] **Brigitte Boutique,** 79 O. Mitropóleos. In Sachen Taschen, Gürtel oder andere Accessoires, aber auch Damenmode, ist man in der Brigitte Boutique zweifellos richtig. Die Besitzerin Nancy Markopoúlou hat ein gutes Händchen, wenn es um die Mischung aus heimischen und internationalen Designern geht.

123 [D6] **Gianna Kazakou,** 58 O. Tsimiskí. Eines der bestsortierten Damen- und Herren-Schuhgeschäfte der Stadt. Sowohl die Qualität als auch die Beratung sind garantiert tadellos und die Preise nicht übermäßig hoch.

124 [E6] **Hionidis,** 32 O. Pávlou Melá. Mode für den Herrn? Da ist man bei Hionidis gut beraten. Ob klassisch elegant oder sportlich modisch, Hionidis führt die ganze Bandbreite.

125 [D6] **Intervista,** 71 O. Tsimiskí. Neben renommierten Luxus-Trendmarken findet man hier auf zwei Etagen auch viele individuelle Labels, die coole Mode machen. Speziell für die „jüngeren Semester" interessant.

126 [D7] **Néilis,** 31 O. Proxénou Koromilá. Néilis ist das Mekka der Damenhandtaschen, darunter auch von lokalen Designern. Doch das Geschäft bietet auch sonst ein reichhaltiges Repertoire an Accessoires.

127 [D6] **Rania Xanthopoulou,** 19 O. Proxénou Koromilá. Neben Damenkleidung und Schmuck gibt es im Laden dieser Designerin auch allerlei Accessoires, Schuhe und Taschen. Der Stil ist ästhetisch und verspielt.

Ein Paradies für Liebhaber von Altem: die Odós Tosítsa [D3] mit ihren Läden

128 [D6] **Style Fax,** 19 O. Proxénou Koromilá. Ein „echter" Modetempel mit stilvollen extravaganten Marken für sie und das zum Großteil sogar von griechischen Designerinnen wie Ioanna Kourbela oder Mary.

129 [C4] **Vestiario,** 8 O. Dionisíou Solomoú. Leicht-luftige Damenmode gibt es in dieser kleinen Boutique, die gleichzeitig auch die Produktionsstätte der Stücke darstellt.

Bücher und Musik

130 [C5] **IANOS,** 7 O. Aristotélous. Die umfassendste Buchhandlung Thessaloníkis bietet neben internationaler Presse eine reiche Regionalia-Abteilung, aber auch sonst so ziemlich alles, was das Leserherz begehrt. Eine Filiale gibt es auch im Mediterranean Cosmos (s. S. 90).

131 [F7] **Mitákos,** 28 O. Ethnikís Amínis. Thessaloníkis vielleicht angenehmster Buchladen, wenn es um fremdsprachliche – d. h. nicht griechische – Bücher geht. Zwar liegt der Schwerpunkt auf Sprachkursen, aber man findet auch Belletristik auf Deutsch und Englisch.

132 [F6] **Studio 52,** 46 O. Dimitríou Goúnari. Das Nonplusultra Thessaloníkis in Sachen Musik! Natürlich stehen zuallererst griechische Interpreten auf dem Programm, aber auch zu anderen Stilrichtungen wird man hier fündig. Und wer nach dem Urlaub den Rebétiko (s. S. 25) vermisst, der kann sich über www.studio52.gr seine Lieblings-CDs nach Hause bestellen.

133 [F6] **Vinyl Mania,** 12 O. Michaíl Ioánnou. Hier kommen Schnäppchen- und Raritätenjäger auf ihre Kosten. Ob LPs griechischer oder internationaler Künstler, im aus allen Nähten platzenden Vinyl Mania sind wirklich Schätze „vergraben".

Souvenirs und Geschenke

Die normalen Souvenirs wie Schlüsselanhänger, Postkarten, T-Shirts oder sonstiger Krimskrams bekommt man in den Souvenirläden in der Nähe der Hauptsehenswürdigkeiten. Ausgefallene Mitbringsel dagegen gibt es bei den folgenden Adressen:

134 [E7] **hellofrom,** 45 O. Proxénou Koromilá. Ein Lifestyle-Shop mit mehr oder weniger brauchbaren, aber definitiv originellen Designartikeln.

135 [F6] **I love Thessaloniki,** 28 O. Dimitríou Goúnari. Hier finden sich verschiedenste Souvenirs und Geschenkideen, die allesamt Thessaloníki als zentrales Thema haben.

048tn-dk

136 [E6] **Skítso,** 11 O. Grigóriou Palamá. Nicht unbedingt immer nützliche, dafür wahnsinnig witzige und vor allem garantiert handgemachte Geschenkideen bietet man in diesem edlen „Ramschladen" feil.

137 [C4] **Strikoúdis,** 9 O. Vláli. In diesem kleinen Geschäft inmitten des Kapáni-Marktes **4** gibt es orthodoxe Devotionalien in Form von Ikonen, Kreuzen, den *kombolí* genannten rosenkranzartigen Perlenkettchen und anderen Glücksbringern, dazu Weihrauch, Kerzen u. v. m.

Lebensmittel, Wein und Spirituosen

Oliven, deren Öl, aber ebenso *oúzo,* Metaxa, *retsína* und einfache Tafelweine bekommt man in Supermärkten, z.B. bei der Kette Masoútis. Für ausgefallene Wünsche wendet man sich an folgende Adressen:

138 [D5] **Casa Natura,** 30 O. Vatikiótou. Das Beste der heimischen Gastronomie und dazu alles aus biologischem Anbau. Etwas ganz Besonderes sind die Kräuter, Salze und Bergtees, aber auch das eigene Olivenöl, der Honig und die Fruchtsäfte.

049tn-sb

139 [D5] **Dia Xeirós Resiniótou,** 12 O. Kastritsíou. Für viele Einheimische gibt es hier die besten gefüllten Pasteten und Teigtaschen der Stadt. Ideal als kleines Präsent, z. B. wenn man die Lieben zu Hause „beglücken" will.

140 [D6] **En Karpó (1),** 81 O. Tsimiskí. Bei En Karpó finden sich typisch griechische Spezialitäten wie Nüsse, getrocknete und kandierte Früchte, Halva oder Fruchtgelees und Pasten. Es ist eine wahre Wonne, hier den eigenen Kalorienhaushalt zu vergessen. Es gibt weitere Filialen über die Stadt verteilt, z. B.:

141 [C4] **En Karpó (2),** 34 O. Egnatía

142 [C5] **Kritikós,** 26 O. Venizélou, Tel. 2310332810. Die kretische Küche ist selbst für Festlandgriechen „exotisch", immerhin weist sie einige Besonderheiten auf. Bei Kritikós ist man goldrichtig, wenn man den köstlichen Spezialitäten der größten Insel Griechenlands auf den Grund gehen möchte.

143 [E7] **Mía Féta**, 14 O. Pávlou Melá. *Nóstima polí* (sehr lecker) sind die wunderbaren Käsesorten – darunter natürlich der typische Feta –, die man hier aus garantiert ökologischer Produktion kaufen und auch gleich vor Ort probieren kann.

144 [cj] **MyCava,** 86 O. Georgíou Papandréou. Einer der bestsortierten Läden der Stadt, wenn es um griechische Weine, Branntweine, Schnäpse oder Liköre geht. Ein Outlet befindet sich in der Modiano Markthalle (s. S. 90).

145 [B4] **Olicatessen,** 4 O. Víktoros Ougó. Was auch immer aus einer Olive werden kann, bei Olicatessen findet man es. Doch auch für Weine, Teesorten und vieles mehr sollte man hier mal vorbeischauen. Ebenso interessant sind die

Das Gold der Griechen, der Oúzo, wird pur oder mit Wasser verdünnt getrunken

Wein- und Olivenölproben sowie angebotenen Seminare zum Thema griechisches Essen im weitesten Sinne. Mehr Infos: https://olicatessen.gr.

146 [D3] **Salumeria,** 82 O. Olímpou. Dieses exklusive Delikatessenlädchen bietet ein großes Angebot an frischen Wurst-, Schinken und Käsesorten, aber auch Olivenöl, geräucherte und getrocknete Meeresfrüchte u. v. m.

147 [C5] **To Pantopoleío,** 12 O. Komninón. Ein wirklich sehenswerter Feinkostladen, in dem kaum ein Wunsch nach hochwertigen griechischen Zutaten unerfüllt bleibt!

Beauty und Schmuck

148 [C5] **Hondos Center,** 9 O. Aristotélous. Die gut sortierte Parfümerie Hondos verfügt über eine Unmenge Kosmetikartikel, darunter auch von griechischen Firmen wie Apivita, Korres und anderen.

149 [D7] **Katerína Ioannídis,** 5 O. Mitropolítou Iosíf. Im Shop der gelernten Goldschmiedin Katerína Ioannídis gibt es traumhaft schönen Schmuck. Das Anfertigen hochwertiger Ketten, Ringe, Ohrringe usw. hat sie definitiv im Blut, immerhin waren bereits ihre Vorfahren im Schmuckgeschäft tätig, allerdings noch in Konstantinopel.

150 [F7] **La-di-da,** 22 O. Dimitríou Goúnari. Hübscher versilberter oder vergoldeter Designerschmuck zu ausgesprochen günstigen Preisen.

151 [F6] **Medusa,** 142 O. Egnatía. Bei Medusa verkauft man außergewöhnliche, handgemachte Schmuckartikel und Modeaccesoires.

152 [E4] **Samovar** ✿, 99 O. Olímpou. Hier findet man eine erlesene Auswahl gut riechender Cremes, Öle, Seifen und anderer Kosmetikartikel. Und dabei ist alles garantiert aus natürlichen Zutaten hergestellt.

050tn-sb

Märkte

Thessaloníki verfügt über eine eindrucksvolle Anzahl von Märkten, auf denen teils Lebensmittel und Blumen, aber auch Kleidung, Haushalts-, Elektronik- und Gebrauchsartikel verkauft werden.

153 [C4] **Bezesténi Markt,** 20 O. Dionisíou Solomoú, Mo–Sa 8–14 Uhr. Sultan Mehmet II. ließ in den Jahren 1455 bis 1459 diese Markthalle mit sechs Kuppeln als Textilumschlagplatz errichten. Heute wird hier immer noch Kleidung verkauft, aber auch Kosmetika und Schmuck. Zwar ist das Gebäude etwas heruntergekommen, aber durch seine unexaltierte Art nicht unspannend.

4 [C4] **Kapáni-Markt,** Mo–Sa 7–18 Uhr. In diesem riesigen Sammelsurium aus Obst-, Gemüse-, Backwaren-, Fleisch- und Fischgeschäften findet man wahrlich alles für das leibliche Wohl! Das Marktviertel verläuft durch die teilweise über-

Auch für Mitbringsel perfekt: der Kapáni-Markt **4** *mit seinen unzähligen Ständen*

dachten Gassen der Odós Askitoú, der Odós Vláli sowie der Odós Solomoú. Hinzu kommt die zentrale Platía Kapáni inmitten des ehemaligen Schlachthauses. Die Verkäufer sind daran gewöhnt, dass sich Kunden die Waren unter Vakuum verpacken lassen wollen, somit bietet es sich hier durchaus an, lukullische Mitbringsel einzukaufen (s. S. 21).

154 [C5] **Louloudádika,** O. Vasiléos Iraklíou, tägl. 8–18 Uhr. Wer die Farbenpracht auf Thessaloníkis Blumenmarkt gegenüber dem Yachoúdi-Hamam (s. S. 23) erleben möchte, sollte möglichst früh kommen, denn dann herrscht Hochbetrieb.

155 [C5] **Modiano-Markthalle,** Platía Aristotélous/Ecke Odós Ermoú, www.agoramodiano.com. In dieser wundervollen, in den Jahren 1922 bis 1925 von Eli Modiano (1881–1968) erbauten Markthalle haben sich neben Lebensmittelgeschäften auch zahlreiche Imbisslokale angesiedelt.

156 [D3] **Odós Tosítsa,** Mo–Sa etwa zwischen 9 und 17 Uhr (je nach Geschäft unterschiedlich). Die Läden in der Odós Tosítsa – hier liegt auch der Bit Bazaar (s. S. 29) – verkaufen v. a. Trödelware aus den 1960er- und 1970er-Jahren. Zwar ist das Angebot nicht immer hochwertig oder von bester Qualität, dafür aber entsprechend günstig und es macht einfach Spaß, die Spreu vom Weizen zu trennen und vielleicht das ein oder andere originelle Souvenir zu ergattern.

051tn-dk

Kaufhäuser und Shopping Malls

157 **Mediterranean Cosmos,** bei Km 11 auf der Ethnikís Odoú, Néa Moudaniá, Anfahrt mit Bus 45 ab Platía Aristotélous, https://mediterraneancosmos.gr, Mo–Sa 10–21 Uhr. Nicht nur an verregneten Tagen ist diese riesige Shoppingmall im Südosten der Stadt ein gutes Refugium für alle, die trocken und klimatisiert einkaufen möchten. Mit etwa 150 Shops, zahlreichen Cafés und Restaurants, einem Multiplex-Kino, einem Entertainment-Center u. v. m. bietet das Mediterranean Cosmos wahrlich etwas für jeden Geschmack. Der Schwerpunkt der Shops liegt auf Mode und Kosmetik, aber es gibt auch Bücher, Delikatessen und einen Supermarkt.

158 [D5] **Plateia Center Mall,** 43 O. Tsimiskí, Mo–Sa 10.30–19 Uhr. Bei der Plateia Center Mall handelt es sich um ein dreistöckiges Einkaufszentrum, das um ein offenes Atrium angelegt ist. Neben diversen Shops gibt es hier auch eine Handvoll Lokale und ein Kino.

159 [ae] **Salonica Outlet Mall,** 10 O. Kótta Roúlia, Anfahrt mit Bus 2K, http://onesalonica.com, Mo–Fr 10–21, Sa 10–20 Uhr. In diesem Outlet-Center befinden sich über 50 Shops namhafter Marken von Adidas bis Zara, allesamt mit heruntergesetzten Preisen. Auch Gastronomie- und Fastfoodlokale sind hier angesiedelt.

Entspannt und doch mitten im Zentrum: die Plateia Center Mall

036tn-dk

Thessaloníki zum Durchatmen

Zwar ist Thessaloníki nicht gerade von Parks und Grünanlagen durchzogen, doch die grüne Lunge der Stadt erstreckt sich ab dem **Weißen Turm** 25 entlang der **Neuen Uferpromenade** 26 in Richtung Süden. Auch sonst finden sich mehr oder weniger bekannte Flecken und Orte zum Entspannen. Alle parkähnlichen Anlagen erheben keinen Eintritt und haben keine besonderen Öffnungszeiten.

- **160** [ch] **Néa Paralía Gardens.** Unterhalb des Ombréles (s. S. 57) genannten Regenschirmmonuments erstrecken sich über fast 2,5 km insgesamt zwölf Gartenanlagen entlang des Ufers. Diese sind (von Norden nach Süden): der Garten der Nachmittagssonne, der Garten der Straßensicherheit, der Sandgarten, der Garten der Schatten, der Garten der Jahreszeiten, der Garten des Mittelmeers, der Skulpturengarten, der Garten der Töne, der Garten der Rosen, der Garten der Erinnerung, der Garten des Wassers und kurz vor dem Konzertsaal Mégaro Moussikís (s. S. 84) der Garten der Musik.
Alle Gärten sind individuell gestaltet und verfügen über Soundanlagen, Skulpturen oder moderne Kunstobjekte. Außerdem wurden hier Biotope angelegt und so kann man Frösche und Kröten quacken und Vögel zwitschern hören, Schildkröten beobachten und im Sommer den vielen emsigen Insekten zuschauen.
- **161** [H3] **Pasha's Gardens.** An der Ostseite der Stadtmauer befindet sich einer der mysteriösesten Orte der Stadt. Die Parkanlage stammt aus dem Jahr 1904 und umfasst etwa eine Fläche von einem Hektar. Hier finden sich Überreste einiger alter Steinkonstruktionen, die ein bisschen an die Werke Gaudís in Barcelona erinnern. Man sieht u. a. einen Brunnen mit einem um ihn verlaufenden Tunnel, eine Zisterne und ein Tor, durch das man zu einem unterirdischen Bereich und einer erhöhten Sitzecke gelangt. Es gibt heute keine historischen Hinweise mehr darauf, wer diese Strukturen zu welchem Zweck angelegt hat und deshalb ranken sich um die Gartenanlage viele Mythen und Legenden. So glauben man-

Raus aus der Stadt? Am Südufer der Bucht laden die Orte Peréa, Néi Epivátes und Ágia Triáda zum Baden ein (s. S. 63).

052tn-sb

che, dass Freimaurer hier geheime Rituale abgehalten hätten, andere denken sogar, dass Menschenopfer dargebracht worden seien. Wie auch immer, die Pasha's Gardens – auf Griechisch *Kípi Tou Pasá* – eignen sich hervorragend, um einfach mal Thessaloníki ein paar Stunden Thessaloníki sein zu lassen.

•**162** [D4] **Platía Dikastiríon.** Die Platía Dikastiríon ist ein knapp 40.000 m² großer, verkehrsberuhigter Platz nördlich der viel befahrenen Odós Egnatía. Auf ihm befinden sich sowohl das ehemalige türkische Dampfbad Bey Hamam **6** als auch die frühchristliche Kirche Panagía Chalkéon **7**. Im zentralen Bereich steht ein Denkmal für Elefthérios Venizélos (1864–1936), den ersten Premierminister des vereinten griechischen Staates, und ansonsten ist auf dem Platz recht viel Baumbestand, weshalb es gut tut, hier auf einer Bank kurz den Sauerstoffhaushalt aufzufrischen.

•**163** [F8] **YMCA (Chanth).** Der YMCA Park befindet sich im nördlichen Teil der Neuen Uferpromenade **26** praktisch direkt östlich hinter dem Reiterstandbild Alexanders des Großen. Besonders ist er aufgrund seiner Lage direkt am südlichen Zipfel der Innenstadt und stellt somit auch für müde Shopper den idealen Ort dar, um ein bisschen durchzuatmen und Kraft zu sammeln – denn durch den Baumbestand und den Ausblick aufs Meer scheint der Großstadtstress weit weg. Im Zentrum des Parks befindet sich der runde Xarhákos-Springbrunnen. Im Nordteil steht die Büste des Diplomaten Lámbros Koromilás (1856–1923) und im Süden befindet sich ein Denkmal zu Ehren des makedonischen Freiheitskämpfers Emmanouél Pappás (1772–1821).

⌃ *Träumen und entspannen entlang der Neuen Uferpromenade* **26**

⌃ *Immer etwas los: das HELEXPO-Messegelände (s. S. 8) mit dem OTE-Tower*

Zur richtigen Zeit am richtigen Ort

Die meisten Kulturveranstaltungen finden in den warmen Monaten statt, viele davon im Freien, und manche ziehen sich über mehrere Wochen hin:

- Zwischen Juni und September bietet das **Dasous Festival** (www.thessalonikiguide.gr/event/festival-dasous) Theaterstücke mit jeweils einem thematischen Schwerpunkt.
- Ebenfalls zwischen Juni und September veranstaltet das **Moní Lazaristón** 16 im Rahmen des gleichnamigen **Festivals** (www.monilazariston.gr) Konzerte, Theaterstücke und weitere Events.
- Die alle zwei Jahre stattfindende **Biennale,** die meist zwischen Oktober und Februar ausgetragen wird, umfasst diverse Art-Events an unterschiedlichen Orten der Stadt. Sie wurde erstmals 2007 abgehalten und hat sich auf die Fahne geschrieben, die verschiedenen Kunstbereiche der Stadt zusammenzuführen und gleichzeitig die lokale Kunstszene international bekanntzumachen. Mehr Infos unter https://thessalonikibiennale.gr.
- Zwischen September und Januar werden auf der **Thessaloniki Photobiennale** (www.thmphoto.gr) in abwechselnden Locations viele Hundert Kunstwerke zahlreicher Fotografen gezeigt.

Frühjahr

- Im Frühjahr steht Thessaloníki im Zeichen des **karnaváli** (auch **apokriá** genannt), mit Shows und Straßenumzügen, darunter viel Folklore und Mythologie, die bis ins Altertum zurückreicht. Höhepunkte sind die zwei Wochen vor der Fastenzeit, darunter der vorletzte Donnerstag namens **tsiknopémpti** („Fleisch-Donnerstag").
- In der ersten Märzhälfte wird das **Thessaloniki Documentary Festival** (www.filmfestival.gr) abgehalten, bei dem internationale Dokumentarfilme gezeigt werden.
- Das griechisch-orthodoxe **Ostern** (Pás-scha genannt) variiert jährlich, fällt aber nicht auf denselben Termin wie das katholisch-protestantische Fest. Auch Orthodoxe fasten während der *megáli sarakostí* genannten, 40-tägigen Zeitspanne zwischen Rosenmontag *(kathará deftéra)* und dem Samstag vor Ostern.
- In der ersten Aprilwoche findet das **Thessaloniki Dance Festival** (www.tdf.gr) mit Vertretern diverser Tanzstile inklusive Latin, Oriental, Street Dance u. v. m. statt.
- Etwa Mitte April konkurrieren mehr als 15.000 Läufer zwischen Pélla 31 und Thessaloníki beim **Alexander The Great Marathon** miteinander (https://atgm.gr).
- Anfang Mai beherbergt das HELEXPO-Messegelände die **Thessaloniki Book Fair** (www.helexpo.gr), auf der vorrangig griechische Verlage ihre Neuerscheinungen präsentieren.

073tn-dk

Feiertage

- 1.1.: **Protochroniá** (Neujahr)
- 6.1.: **Theophánia** (Taufe Christi)
- 25.3.: **Eortasmós Tis Ellinikís Epanástasis Tou 1821** (Griechischer Unabhängigkeitstag von 1821)
- 1.5.: **Protomaiá** (Tag der Arbeit)
- 15.8.: **Dekapentávgustos** (Mariä Himmelfahrt)
- 28.10.: **Óchi-Tag** (Nationalfeiertag)
- 25. und 26.12.: **Christoúgenna** (Weihnachten)

- 50 Tage nach Ostern feiert man das **Pfingstfest** *(pentikostí)*, Pfingstmontag ist Feiertag.
- Mitte Mai steht die Stadt im Zeichen des **Street Food Festival** (www.thessalonikistreetfoodfestival.com), bei dem im HELEXPO-Messegelände alle Augen auf die kulinarischen Highlights der Stadt gerichtet sind.
- Mitte/Ende Juni feiert die Stadt über mehrere Tage die **Parade LGBT+ Pride** mit Konzerten, Straßenpartys und Foren (www.thessalonikipride.com.gr).

Sommer

- Im Juli werden im Rahmen des **Summer Thessaloniki International Film Festival** (www.filmfestival.gr) an besonderen Orten der Stadt preisgekrönte „Streifen" aus aller Welt vorgeführt.
- Mitte Juli heizen Tanzgruppen aus dem In- und Ausland Thessaloníki über mehrere Tage auf dem **Folklore Festival** (http://folklorefestivals.org) mächtig ein.
- Mitte September präsentieren sich auf der **Thessaloniki International Fair** (www.helexpo.gr) – der größten internationalen Messe der Stadt – über 800 Aussteller aus dem In- und Ausland. Bei durchschnittlich über 250.000 Besuchern erstaunt es nicht, dass dann die Hotelpreise höher sind als sonst.
- In der zweiten Septemberhälfte feiert man das **Street Mode Festival** (www.streetmode.gr) mit Livekonzerten, Skateboard-, Graffiti- und Breakdance-Shows und allerlei anderen Events.

Herbst und Winter

- Ende September beginnt das etwa drei Wochen dauernde **Dimitria Festival** (https://e-dimitria.gr), bei dem Theater-, Musik-, Tanz- sowie Foto-, Bild- und Film-Events die Stadt zum wichtigsten Kulturzentrum des gesamten Landes machen.
- Am 26. Oktober ist der **Gedenktag des heiligen Dimítrios,** an dem die Gläubigen in Scharen in die Kirche Ágios Dimítrios 17 strömen und zu seinen Ehren ein Kirchweihfest *(panigíria)* feiern.
- Ende Oktober/Anfang November läuft das etwa zweiwöchige **Thessaloniki Film Festival** (www.filmfestival.gr), in dessen Rahmen griechische, aber auch ausländische Filme präsentiert werden.
- In der Adventszeit siedelt sich auf der Platía Aristotélous 1 ein **Weihnachtsmarkt** mitsamt einem eindrucksvollen Weihnachtsbaum, einem Weihnachtsschiff namens *karaváki* und einer Eislaufbahn für Groß und Klein an. Auch auf der Platía Dikastiríon werden dann Stände mit Süßem und sogar Glühwein aufgebaut.
- **Silvester** feiert man in Thessaloníki auf der Platía Aristotélous 1 oder an der Stadtmauer 21 in der Áno Póli, von wo aus man den besten Blick auf das **Feuerwerk** hat.

Ganz im Hier und Jetzt: Manchmal wirkt Thessaloníki geradezu entspannt

053tn-sb

Thessaloníki – kurz auch Saloníki genannt – ist nach Athen Griechenlands zweitgrößte Stadt und zugleich eine der reizvollsten des Landes. Sie ist über viele Jahrhunderte gewachsen, hat sich oft verändert und vielerorts spürt man immer noch den Charme vergangener Zeiten. In diesem Kapitel werden die Geschichte der Stadt, ihre Entwicklung, aber auch ihre aktuellen Schwierigkeiten beleuchtet.

Thessaloníki – ein Porträt

Der Legende nach wurde Thessaloníki ca. 315 v. Chr. am Ort des viel älteren **Therma und weiterer 26 Dörfer** durch den makedonischen König Kassander gegründet. Benannt wurde der Ort nach dessen Frau **Thessalonike**, einer Halbschwester Alexanders des Großen. Ihr Name erinnert an den Sieg (altgriechisch: *Níkē*) des makedonischen Heeres über die Phoker in Thessalien. Die Stadt wurde schnell zur wichtigsten der Region Makedonien. Kein Wunder, liegt sie doch am fischreichen **Thermaischen Golf** (das Meeresgebiet der Nordwestägäis zwischen der Ostküste des griechischen Festlands und der Halbinsel Chalkidikí) und wird durch das **Chortiátis-Massiv** (ein hauptsächlich bewaldetes Gebirge in der Region Zentralmakedonien, das an seiner höchsten Stelle 1201 Meter misst) geschützt.

Einerseits herrscht hier ein der Landwirtschaft zuträgliches mediterranes Klima und gibt es entsprechend überaus **fruchtbare Böden**, wodurch die Gegend seit alters her zu den dichtestbesiedelten Gebieten Griechenlands gehört. Andererseits befindet sich Thessaloníki aber auch in einem Gebiet, das anfällig für geologische Verschiebungen ist. So sind **Erdbeben** nicht selten und haben in den Jahren 1759, 1902, 1978 und 1995 teilweise erhebliche Schäden angerichtet.

Grundsätzlich muss man nie weit fahren, um in den **Genuss der Natur** und des **Meeres** zu gelangen. Gut so, denn Thessaloníki selbst ist äußerst **dicht bebaut**, machen Parks, Gärten und Gartenanlagen doch nur einen relativ kleinen Teil der knapp 112 km² großen Fläche des Stadtgebiets aus. Hinzu kommt eine **verhältnismäßig große Umweltbelastung**, wenn auch die Smog-, Feinstaub- und Ozonwerte in der Regel kein andauerndes Problem darstellen. Bedenklich ist die **Wasserqualität** in der Bucht, immerhin ist das Abwassersystem restlos überstrapaziert und auch der Hafen schadet dem biologischen Gleichgewicht sehr. Dennoch gilt: Thessaloníki ist (er-)lebenswert!

Durch die relativ **einleuchtende Stadtgliederung** in Unter- (Káto Póli) und Oberstadt (Áno Póli), findet man sich einerseits gut zurecht, andererseits ist das Zentrum aufgrund seiner **überschaubaren Größe** geradezu prädestiniert dafür, **zu Fuß** erkundet zu werden. Wer die Stadt besucht, sollte dies nicht zuletzt wegen ihrem spannenden **architektonischen Erbe** tun – immerhin gehören stattliche 15 Mo-

⊡ Von überall erkennbar: Thessaloníki ist wahrhaftig ein Architekturcocktail

numente zum **UNESCO-Weltkulturerbe.** Außerdem wird der historische Innenstadtbereich - die Untere Altstadt - bis heute von Hauptverkehrsadern durchzogen, von denen viele schon zur Zeit der Römer bestanden haben. Hinzu kommen **Plätze und Bauwerke,** die teilweise noch aus der byzantinischen oder osmanischen Zeit stammen; andere wurden zu Beginn des 20. Jahrhunderts ergänzt.

Aber Achtung! Zwar bietet das Zentrum hier und da noch sein **altertümliches Antlitz,** etwas außerhalb aber, in Stadtvierteln der Peripherie, wird dieses Bild durch öde Trabantensiedlungen gestört. Gerade in Anbetracht dieses krassen Gegensatzes erstaunt es nicht, dass die **Immobilienpreise** von Gegend zu Gegend stark variieren und eine ausgeprägte Kluft zwischen den wohlhabenden und den ärmeren Stadtvierteln besteht. Es bleibt zu hoffen, dass sich hier in Zukunft etwas tut, dass sich z. B. eine bessere Zusammenarbeit zwischen Stadtverwaltung und Kunstschaffenden entwickelt, um Thessaloníkis Image als **innovative Kulturmetropole** auch jenseits des mondänen Zentrums zu etablieren.

Thessaloníki in Zahlen

- **Gegründet:** ca 315 v. Chr.
- **Einwohner:** 825.000
- **Einwohner pro km²:** 7366
- **Fläche:** 112 km²
- **Höhe ü. M.:** 0–250 m

004tn-sb

Von den Anfängen bis zur Gegenwart

Vorchristliche und römische Zeit

ca. 315 v. Chr. Gründung der makedonischen Stadt an der Stelle des weit älteren Therma und weiteren 26 Dörfern durch König Kassander. Der Name der neuen Siedlung geht auf dessen Frau Thessalonike zurück, eine Halbschwester Alexanders des Großen.

bis 168 v. Chr. Thessaloníki wird zur größten Stadt Makedoniens und bekommt ein eigenes Parlament.

148 v. Chr. Nachdem sich ab 168 v. Chr. die Römer Teile Makedoniens „einverleibt haben", fällt auch Thessaloníki an sie und wird zur Hauptstadt der Provinz Macedonia.

58 v. Chr. Cicero geht vorübergehend nach Thessaloníki in die Verbannung.

41 v. Chr. Thessaloníki wird unter Marcus Antonius zur freien Stadt und entwickelt sich zu einem der bedeutendsten Handelszentren des Römischen Reichs.

054tn-dk

50 n. Chr. Der Apostel Paulus predigt in der Stadt und macht sie zu einem wichtigen Ort des frühen Christentums; nach seiner zweiten Missionsreise wird hier eine Gemeinde gegründet.

ab ca. 260 n. Chr. Thessaloníki widersteht Angriffen der Goten.

ca. 300 Kaiser Galerius erklärt die Stadt zu einer der Kaiserresidenzen des Römischen Reichs und schenkt ihr zahlreiche Bauwerke (s. S. 33).

306 Der christliche Missionar Demetrios stirbt den Märtyrertod, wird aber 313 im Zuge des Toleranzedikts heiliggesprochen und später zum Schutzpatron der Stadt.

325 Durch die Hinrichtung des Mitkaisers Licinius wird Konstantin I. zum Alleinherrscher des Römischen Reiches; fünf Jahre später wird Byzanz zur Hauptstadt des Reichs und in Konstantinopel umbenannt.

390 Kaiser Theodosius I. schlägt einen Aufstand gegen ihn in der Stadt blutig nieder.

395 Nach der Reichsteilung wird Thessaloníki nach Konstantinopel zur zweitgrößten Stadt des Oströmischen Reiches.

Byzantinische Zeit und Mittelalter

586–617 Awaren und slawische Völker belagern die Stadt, diese widersteht jedoch den Angriffen.

9. Jh. Thessaloníki erfährt eine längere Phase des Friedens und wird zum Zentrum der orthodoxen Christianisierung – durch Kyrill (826–869) und Method (815–885), die beide hier geboren wurden und das glagolitische Alphabet zur Schreibung des Kirchenslawischen schaffen.

Die römische Epoche hat die Stadt nachhaltig geprägt

904 Zerstörung der Stadt nach dreitägiger Belagerung durch Sarazenen

1185 Normannen aus Sizilien erobern Thessaloníki kurzzeitig und plündern es.

1204–1246 Im Zuge des Vierten Kreuzzugs fällt die Stadt für 20 Jahre an den Markgrafen von Montferrat, Bonifatius I. Weitere 20 Jahre danach residieren hier die sog. Despoten von Epiros als byzantinische Gegenkaiser, bis Thessaloníki durch den bulgarischen Zaren Iwan Assen II. besetzt wird.

ab 1246 Thessaloníki wird wieder dem Byzantinischen Reich eingegliedert und erfährt in Sachen Kunst, Wissenschaft und Architektur eine Blüte. Viele Kirchen stammen aus dieser Zeit.

1308–1403 Erneute Wirren, zuerst durch eine Belagerung durch die Katalanen, dann den Aufstand der Zeloten, die 1342–1349 eine autonome Stadtrepublik gründen, sowie kurze türkische Besatzungen 1387–1391 und 1394–1403

1403–1423 Die Byzantiner übernehmen wieder die Macht in der Stadt.

bis 1430 Angesichts der wachsenden Gefahr einer neuen osmanischen Belagerung verkauft Andrónikos Palaiológos die Stadt für 50.000 Dukaten an das Königreich Venetien, das die Verteidigungswälle ausbaut.

Osmanische Epoche und Neuzeit

1430 Nach fast zweimonatiger Belagerung wird Thessaloníki am 29. März durch Sultan Murad II. erobert und dem Osmanischen Reich einverleibt sowie fortan Selânik genannt.

1453 Mit der Eroberung von Konstantinopel durch die Osmanen endet endgültig das Byzantinische Reich

15. Jh. Die Stadtbefestigung wird ausgebaut. Auch der Weiße Turm (25) wird vermutlich zu jener Zeit errichtet. Selânik bleibt auch unter den Osmanen einer der wichtigsten Häfen des östlichen Mittelmeeres, immer mehr Muslime siedeln sich an.

ab 1492 Durch das Alhambra-Edikt flüchten dank der expliziten Einladung durch Sultan Bayezid II. mehr als 20.000 Juden aus Spanien in die Stadt.

ab 1520 Die Mehrheit der 30.000 Einwohner zählenden Stadt sind jüdischen Glaubens – das Ladino genannte Judenspanisch entwickelt sich zur Umgangssprache.

17. Jh. Selânik ist das wichtigste Handelszentrum des Balkans.

1821–1830 Im Süden Griechenlands bricht ein Aufstand gegen die Osmanen aus – das Königreich Griechenland wird ausgerufen. Der Befreiungskampf im Norden wird jedoch durch osmanische Truppen brutal niedergeschlagen.

1826 Eine Meuterei der Janitscharen wird durch eine neu gegründete Kampftruppe unter Sultan Mahmud II. gestoppt. Tausende Janitscharen werden dabei niedergemetzelt.

ab 1865 Die Moderne zieht in die Stadt ein, durch die günstige wirtschaftliche Situation wächst sie von 50.000 auf etwa 120.000 Einwohner im Jahr 1895. Für den benötigten Wohnraum werden Teile der Stadtmauer geschliffen. Die Infrastruktur wird enorm verbessert, so werden Eisenbahnlinien nach Skopje (1871), Belgrad (1888) und Istanbul (1896) gebaut und 1893 erhält Selânik eine Pferdestraßenbahn.

1890 Am 4. September beschädigt ein Feuer große Teile der Stadt, etwa 20.000 Menschen werden obdachlos.

ab Anfang des 20. Jh. Ethnische Konflikte zwischen Türken, Slawen (v. a. Bulgaren und Mazedonier) und Griechen spitzen sich zu – es bilden sich militante Gruppen, wie z. B. die bulgarische BMORK.

1903 Mehrere Bombenattentate der BMORK erschüttern die Stadt, das französische Schiff Guadalquivir wird im Hafen versenkt.

1908/1909 Die Jungtürkische Revolution unter İsmail Enver, Ahmet Cemal und Mehmed Talât nimmt von Selânik aus ihren Anfang – der abgesetzte Sultan Abdülhamid II. wird in der Villa Allatini (s. S. 16) unter Hausarrest gestellt. Das Osmanische Reich ist stark geschwächt.

Jüngere Geschichte

1912 Erster Balkankrieg – Bulgarien, Griechenland, Montenegro und Serbien erklären dem Osmanischen Reich den Krieg; griechische und bulgarische Truppen belagern die Stadt, die durch den Kommandeur der osmanischen Streitkräfte Hasan Tahsin Paşa kampflos an die Griechen übergeben wird – sehr zum Ärger Bulgariens, das sich unzufrieden über die Grenzziehung in Makedonien zeigt.

1913 Zweiter Balkankrieg – nach dem Attentat auf den griechischen König Georg I. in Thessaloníki erklären Griechenland, Montenegro, Rumänien, Serbien und das Osmanische Reich Bulgarien den Krieg – im Frieden von Bukarest werden Thessaloníki und weitere Teile Makedoniens final Griechenland zugesprochen. Die Stadt hat zu diesem Zeitpunkt etwa 150.000 Einwohner.

1914–1918 Im Ersten Weltkrieg sind 300.000 alliierte Truppen in der Stadt stationiert, die den Truppen der Mittelmächte (Bulgarien, Deutschland, Osmanisches Reich und Österreich-Ungarn) die Stirn bieten sollen. Ladádika 14 wird zum Vergnügungs- und Rotlicht-Viertel für die Soldaten.

1917 Ein Großbrand zerstört am 18. August fast das gesamte Stadtzentrum, ca. 75.000 Menschen werden obdachlos. Für den Wiederaufbau zeichnet der Architekt und Stadtplaner Ernest Hébrard (s. S. 18) federführend verantwortlich.

1919–1922 Im Griechisch-Türkischen Krieg erfährt Griechenland eine Niederlage. Im Vertrag von Lausanne wird ein Bevölkerungsaustausch vereinbart: etwa 160.000 griechische Flüchtlinge vom Schwarzen Meer und aus Kleinasien siedeln sich in Thessaloníki an, im Gegenzug verlässt die türkische Bevölkerung (ca. 20.000 Personen) die Stadt; es setzt eine „Hellenisierung“ ein.

1926 Erstmals findet die Internationale Messe Thessaloníki statt.

ab 1931 Ethnische Konflikte und der Antisemitismus nehmen zu. Knapp 65.000 Juden leben zu diesem Zeitpunkt in der Stadt.

055tn-dk

1941–1943 Deutsche Truppen besetzen die Stadt, verüben diverse Kriegsverbrechen und deportieren nahezu alle Thessaloniker Juden ins KZ Auschwitz-Birkenau oder auf Baustellen in malariaverseuchte Gebiete des Landes; nur 2000 Juden überleben.

ab 1949 Nach dem griechischen Bürgerkrieg (1946–1949) beginnt der Wiederaufbau. In den 1950er-Jahren wird die Industrie ausgebaut, 1960 wird der neue Hauptbahnhof fertiggestellt.

1978 Ein Erdbeben der Stärke 6,6 auf der Richterskala erschüttert am 20. Juni die Stadt und fordert 50 Todesopfer sowie zahlreiche Sachschäden.

ab 1988 Viele byzantinische Gebäude werden in die Liste des UNESCO-Weltkulturerbes aufgenommen.

1997 Thessaloníki ist Europäische Kulturhauptstadt, in diesem Geiste werden mehrere neue Museen eröffnet.

2004 Teile der Olympischen Sommerspiele werden in der Stadt ausgetragen.

ab 2006 Die Stadtverwaltung beginnt mit dem Bau der Metro, die 2024 fertiggestellt werden soll.

ab 2010 Im Zuge der Schuldenkrise wird auch in Thessaloníki eine drakonische Sparpolitik gefahren, viele Bürger haben massive finanzielle Probleme.

2011–2019 Unter Bürgermeister Giánnis Boutáris bemüht man sich, die multikulturelle Vergangenheit der Stadt zu unterstreichen.

2020/2021 Thessaloníki wird wie ganz Griechenland durch die Coronakrise schwer in Mitleidenschaft gezogen.

2023 Bei der Parlamentswahl erlangt die liberal-konservative Néa Dimokratía unter Kyriákos Mitsotákis die absolute Mehrheit.

◁ Im östlichen Mittelmeer gibt es auch heute noch Konfliktpotential

Leben in der Stadt

In der Tat, Thessaloníki ist nicht Athen! Das antike griechische Erbe fehlt hier fast komplett und auch die baulichen Zeitzeugen aus der römischen, byzantinischen und osmanischen Epoche muss man explizit suchen. Dafür erstaunt die Stadt durch ihre fantastische Lage am Meer und ihr jugendlich geprägtes Ambiente. Wer sich auf das prickelnde Leben einstellt, der wird reich belohnt, denn die auch „Nymphe des Thermaischen Golfs“ genannte Stadt ist der Inbegriff von Ausgelassenheit. Das lokale Credo lautet „Chalará“! (in etwa: „Take it easy!“) und damit lässt sich auch der derzeitig schwierigen wirtschaftlichen Situation mit einem Lächeln begegnen und ihr zum Trotz den Alltag zelebrieren.

Die **Hauptstadt der Region Makedonien** ist mit etwa 825.000 Einwohnern nach Athen die **zweitbevölkerungsreichste Stadt des Landes.** Auch das Umland ist dicht besiedelt und mitsamt den Vororten weist die Metropolregion über eine Million Einwohner auf. Thessaloníki und ganz Makedonien bilden einen der **stärksten Wirtschaftsstandorte** des Landes bedingt einerseits durch den ausgeprägten Dienstleistungssektor und die diversen Industriezweige, und andererseits durch den Hafen, der als eine der **bedeutendsten Verkehrsdrehscheiben für den europäischen Güterverkehr** gilt.

Aufgrund der zweiten EU-Osterweiterung – am 1. Januar 2007 wurden Bulgarien und Rumänien in die Europäische Union aufgenommen – und noch mehr seit der **Schuldenkrise 2010,** wanderten allerdings viele Industrien und Investoren ab. Folglich setzte eine **andauernde Rezes-**

sion ein, die eine erhebliche **Verarmung** der Bevölkerung und eine Verschuldung der Staatskasse mit sich brachte. Die griechischen Regierungen mussten durch **Sparmaßnahmen** die Auflagen der internationalen Geldgeber erfüllen, was eine weitere **Verschlechterung der Lebensverhältnisse** auslöste. Die Mehrwertsteuer wurde von 19 auf 24 % angehoben. Es folgten Kürzungen bei den Renten, eine Abschaffung des Mindestlohns, eine Senkung der Gesundheitsausgaben und der Sozialhilfen für Erwerbslose. Eine **Abwärtsspirale** war die Folge, die die **Arbeitslosigkeit** kurzzeitig auf über 27 % steigen ließ und dafür sorgte, dass auch aus Thessaloníki zahlreiche Menschen wegziehen mussten. Zwar hat sich die Situation mittlerweile wieder etwas **verbessert** und es ist ein **stetiger Aufwärtstrend** zu erkennen, doch lässt sich keinesfalls von Normalität sprechen.

Bettler und Obdachlose gehören zum Stadtbild, Rentner müssen mit monatlich nicht mal 500 € auskommen und die Mehrheit der **„kleinen Leute“** lebt mehr oder weniger von der Hand in den Mund. Besonders hart trifft es die vielen **jungen Menschen**, die immer noch in der Ungewissheit darüber leben, ob ihnen ihre Ausbildung in Zukunft in Griechenland einen Job sichern kann.

Apropos Ausbildung: In Thessaloníki sind drei höhere Bildungseinrichtungen angesiedelt: die 1925 gegründete **Aristoteles-Universität,** mit über 40.000 Studierenden die größte des Landes, die Universität Makedonien und die International Hellenic University. Dies sorgt in der Stadt für eine ausgeprägte **U30-Infrastruktur,** die sich auch preislich an den **Bedürfnissen der Studenten** orientiert. Günstige Lokale und Nightlife-Locations sowie relativ bezahlbare Mietwohnungen sind allgegenwärtig. So wirkt Thessaloníki ganz allgemein – fast gegensätzlich zum architektonischen Baubestand – auf den ersten Blick **quirlig-jugendlich.** Interessant ist, dass die Studenten politisch besonders aktiv sind und Parteien des **linken und linksliberalen Spektrums** hier äußerst präsent sind. Doch auch die andere Seite der politischen Landschaft hat ihre Anhänger, gerade unter der älteren Wählerschaft, wenn auch **nationalpopulistische und rechtsradikale Parteien**, anders als in zahlreichen anderen Wahlkreisen des Landes nicht übermäßig viele Stimmen gewinnen können.

Dies hängt nicht zuletzt mit dem langjährigen Engagement des ehemaligen Bürgermeisters **Giánnis Boutáris** zusammen, der in seiner Amtszeit von 2011 bis 2019 oft zu Eintracht, Mäßigung und Toleranz aufrief. Er und sein Kabinett waren es, die die Stadt u. a. **als LGBT+-friendly** erklärten, ihr **jüdisches Erbe** unterstrichen und auch an die **Bewegung der Jungtürken** als Teil der Stadthistorie erinnerten. Selbst in den Jahren der **Flüchtlingskrise** (2015 bis 2017), als auch viele Griechen die „Ausländer“ per se zu Sündenböcken für soziale Ungerechtigkeiten machten und es gerade auf den Ägäischen Inseln und an der Grenze zu Nordmazedonien zu **humanitären Notstandssituationen** kam, blieb es in Thessaloníki vergleichsweise ruhig.

Auch dank der Politik Boutáris' ist die Stadt trotz ihrer wirtschaftlichen Probleme lebenswert und verfügt, nicht zuletzt wegen der einzigartigen Lage an einem der schönsten Küstenabschnitte Europas, über eine **recht hohe Lebensqualität.** Das wissen nicht nur die Einheimischen: Es

liegt sicher am historisch gewachsenen, weltoffenen Selbstverständnis der Hafenstadt, dass sich hier Menschen aus aller Welt zu Hause fühlen, denn Thessaloníki kann getrost als toleranter **„Melting Pot“** bezeichnet werden. Immerhin kam das Gros der hiesigen Bevölkerung selbst vor ein paar Generationen als **Flüchtlinge aus Kleinasien und vom Schwarzen Meer;** allgegenwärtige Nachnamen die auf *-ádis, -ídis* oder *-oglou* enden, machen dies deutlich. Und gewissermaßen ist man hier auch ein bisschen stolz auf dieses Erbe. Es stimmt schon, dass die Einheimischen es in den Genen haben, zu **improvisieren** und die Dinge des Alltags mit Gelassenheit, Flexibilität und ihrem so **typischen Augenzwinkern** zu meistern. Thessaloníki ist eben doch ganz anders als das beschwerliche Athen – und das ist gut so! In diesem Sinne: *Chalará!*

⌃ *Von Wau zu Wow! Thessaloníki ist aus fast jeder Perspektive eindrucksvoll.*

Die Nachwehen der Balkankriege

Wer mit Einheimischen über die **Tagespolitik** spricht oder eine geführte Tour nach Pélla 31 oder Vergína 32 unternimmt, der wird möglicherweise schnell auch etwas über den **Namensstreit mit Nordmazedonien** erfahren. Doch was hat es mit diesem Konflikt auf sich und wieso nimmt die griechische Rhetorik hierbei oftmals äußerst emotionale Züge an?

Das **geografische Makedonien** umfasst einen Landstrich, der Teile des heutigen Griechenlands (mit Thessaloníki), Albaniens, Bulgariens und eben dieses südlichen Gebiets des ehemaligen Jugoslawiens beinhaltet, das sich Nordmazedonien nennt. Das **historische Makedonien** war die Heimat Alexanders des Großen (s. S. 56) und selbst wenn sich die Geschichtsschreiber nicht einig sind, ob dieses im **rein ethnischen Sinne hellenisch** war, so gilt es dennoch als erwiesen, dass die **griechische Kultur und Sprache** in seinem Reich tonangebend waren. Zwar ist all dies bereits fast 2400 Jahre her, doch als Jugoslawien zerfiel und der vorrangig slawisch bewohnte Staat im Süden 1991 die **Unabhängigkeit** erlangte, sich in Folge Mazedonien (auf Mazedonisch *Makedonija*) nannte und den Stern von Vergína (ein sechzehnstrahliger Stern, der auch als Sonne bezeichnet wird und das Symbol der Argeaden-Dynastie – aus der auch Alexander der Große stammte – darstellt) in seiner Flagge zeigte, kochte die griechische Volksseele. Dies mag seltsam klingen, doch ist in der relativ jungen griechischen Republik die eigene **Identitätsfindung** noch nicht abgeschlossen. Immerhin besteht ein griechischer Staat erst seit 1821, als Zentralgriechenland, die Peloponnes und die Kykladen vom Osmanischen Reich unabhängig wurden. Die meisten Inseln und die Regionen Epirus und Makedonien folgten knapp 100 Jahre später als Ergebnis der beiden **Balkankriege von 1912 und 1913.**

Die Angst, dass dieses Ergebnis durch **Gebietsansprüche anderer Staaten** – denn nicht zuletzt durch den Zypern-Konflikt 1974 gilt auch die Türkei als potenzielle Bedrohung – untergraben werden könnte, war für manche Nordgriechen durchaus real! Sie bestand gerade deswegen, weil viele der hiesigen Einwohner im Zuge des sog. Bevölkerungsaustausches 1923 als Flüchtlinge aus der heutigen Türkei vertrieben wurden. Traurig ist, dass dieser Diskurs in allen beteiligten Staaten stark **nationalistische Untertöne** hat und somit auch Thessaloníki immer wieder gerne als „rein" griechische Stadt bezeichnet wird. Dass sie jedoch während der fast 500 Jahre dauernden osmanischen Herrschaft multiethnisch war und in dieser Zeit in vielerlei Hinsicht ein Symbol für Toleranz und ein friedliches Miteinander der Völker und Religionen darstellte, wird oft unter den Teppich gekehrt. Die heraufbeschworene „äußere Bedrohung" – ob durch Slawen oder Türken – eignete sich über lange Zeit eben auch gut dazu, sich nicht mit der **eigenen Vergangenheit** auseinandersetzen zu müssen.

Erst seit ein paar Jahren findet auch in Thessaloníki eine gewisse **Aufarbeitung** statt, so wird mehr oder weniger objektiv über Anfeindungen und Pogrome im 19. und 20. Jh. von Seiten der Griechen an der jüdischen und muslimischen Bevölkerung gesprochen. Außerdem ist es kein Geheimnis mehr, dass die Stadt auch ein bedeutendes türkisches und slawisches Erbe hat. Doch die Auswirkungen des Namenskonflikts sind immer noch allgegenwärtig. Zwar hat sich der Nachbar im Februar 2019 offiziell **in Nordmazedonien umbenannt** und auch Griechenland hat dies anerkannt. Aber dieser Kompromiss zwischen Athen und Skopje ist äußerst unpopulär, nicht zuletzt weil er weitestgehend auf politischen Druck von EU und NATO hin durchgesetzt wurde, die Nordmazedonien als Mitgliedsstaat anwerben bzw. anwarben.

Für die Griechen bedeutet dies die Legitimation eines **historischen Fehlers,** da sie das Thema im antiken Kontext betrachten. Aber auch die Nordmazedonier sind davon nicht begeistert, da die ausgehandelte Namensänderung ein nahezu einmaliges Phänomen der Weltgeschichte darstellt und von vielen als **große Demütigung** wahrgenommen wird. Vielleicht können sämtliche Staaten der Region ja langfristig diese Wunden heilen, indem sie nach vorne blicken und Gemeinsamkeiten finden, die sie verbinden. Zu wünschen wäre es!

PRAKTISCHE REISETIPPS

059tn-dk

An- und Rückreise

Thessaloníki ist das zentrale Drehkreuz Nordgriechenlands. Hier laufen große Autobahnstränge zusammen, der Flughafen ist der drittgrößte des Landes und auch im Zugverkehr ist Thessaloníki ein fast schon unumgänglicher Knotenpunkt.

Mit dem Flugzeug

Diverse **Fluggesellschaften** – darunter auch **Billigairlines** – fliegen Thessaloníki von zahlreichen Flughäfen in Deutschland, Österreich und der Schweiz an. Einige der Städte werden jedoch nur saisonal angeflogen.

Außerdem verbinden mehrere Fluggesellschaften deutsche, österreichische und Schweizer Städte **indirekt** mit Thessaloníki.

Der **Thessaloniki Airport Makedonia** liegt etwa 13 km südlich des Stadtzentrums in Thérmi und ist über die Autobahn A25 mit der Stadt verbunden. Am günstigsten gelangt man mit der halbstündig verkehrenden (24-Stunden-Service) **Buslinie 01X/01N** für 1,80 € (Tickets kauft man beim Kiosk oder am Automaten im Bus, muss diese aber noch entwerten) über die Odós Egnatía und den Bahnhof zum KTEL-Makedonia-Busbahnhof (s. S. 107). Die Fahrtzeit beträgt insgesamt ca. 40 bis 50 Min.

Eine **Taxifahrt** vom Flughafen in die Stadt oder umgekehrt sollte nicht mehr als 25 bis 35 € kosten und dauert je nach Ziel und Verkehrsaufkommen bis zu 30 Minuten.

› **Thessaloniki Airport Makedonia,** www.skg-airport.gr

Mit dem Auto

Bei der Stadt kreuzen sich die zwei großen **Autobahnen Griechenlands**: die A1, die den Norden mit dem Süden des Landes verbindet, und die A2, die Griechenland von der türkischen Grenze im Osten bis an die Westküste durchquert. Diese Autobahnen sind **gebührenpflichtig** und man erreicht sie über die um die Stadt laufende Esoterikí Periferiakí (Εσωτερική Περιφερειακή) genannte Ringautobahn.

Grundsätzlich ist es zwar möglich, Thessaloníki mit dem **eigenen Auto** zu erreichen, doch bei einer Fahrtzeit von **knapp 20 Stunden**, z. B. von Frankfurt am Main aus, ist dies nur dann sinnvoll, wenn man es mit einer Reise durch Griechenland und/oder seine Nachbarländer verbindet. Ab Österreich hat man die Möglichkeit, über Slowenien und Kroatien oder wahlweise über Ungarn bis Belgrad zu fahren. Ab dort geht es über Niš und Skopje in Richtung griechischer Grenze und dort auf die besagte Autobahn A1. Bei der Rückfahrt sollte man unbedingt vermeiden, durch das **Kosovo nach Serbien** zu fahren, da dies bei der Ausreise dort Probleme bereiten kann (Serbien erkennt das Kosovo nicht an).

Die meisten Besucher kommen immer noch per Flugzeug nach Thessaloníki

Vorseite: Griechenlands zweitgrößte Stadt ist zweifelsohne auch für aktive Besucher geeignet

Mit dem Bus

Thessaloníki unterhält **direkte Busverbindungen** zu allen größeren Städten Griechenlands, aber auch zu den umliegenden Ländern wie Albanien, Bulgarien Nordmazedonien oder der Türkei, und selbst nach Zentraleuropa fahren Buslinien.

Die meisten Überlandbusse starten vom **KTEL-Makedonia-Busbahnhof** (s. unten), der etwa drei Kilometer vom Zentrum entfernt ist. Manche Gesellschaften betreiben auch Fahrten vom Busterminal neben dem Bahnhof, darunter KTEL (https://ktelbus.com).

•164 [ae] **KTEL-Makedonia-Busbahnhof,** 244 O. Giannitsón, Tel. 2310595400, www.ktelmacedonia.gr

Mit dem Schiff

Thessaloníki verfügt über saisonale **Schiffs- bzw. Fährverbindungen,** z. B. nach Piräus und zu einigen griechischen Inseln. Informationen erhält man über **Thesferry** (Hafen, Warehouse 7, Tel. 2310513005 und 2310524544, www.thesferry.gr).

Der Hafen ist auch Anlegeplatz für **Kreuzfahrtschiffe.** Für mehr Fähr- und Tragflügelbootverbindungen sollte man sich ins 160 km weiter östlich liegende Kavála aufmachen. Informationen zu den Fährgesellschaften erhält man z. B. über www.ferriesingreece.com (Tel. 212 0003006).

Mit dem Zug

Am **Hauptbahnhof** – auf Griechisch *Néos Sidirodromikós Stathmós* – starten und enden alle nationalen und internationalen Fernzüge. Die Fahrkarten werden automatisch mit einer Sitzplatzreservierung ausgestellt und sind entsprechend nur für den gebuchten Zug gültig. Deswegen ist es gerade während der Hochsaison ratsam, möglichst früh zu buchen. Im Innern des Bahnhofs gibt es eine Handvoll Geschäfte und Lokale und eine Gepäckaufbewahrung. Neben dem Gebäude befindet sich das **Busterminal,** von dem u. a. der Flughafenbus 01X/01N und diverse Stadtbusse, aber auch Überlandbusse abfahren. Der Hauptbahnhof befindet sich etwa 1,5 km nordwestlich der Unteren Altstadt.

●165 [bf] **Hauptbahnhof,** 28 O. Monastiríou, Info und Buchung: www.hellenictrain.gr, Fahrplanauskunft und Informationen unter Tel. 14511 (tägl. 6–23 Uhr).

MEIN TIPP

Raus aufs Wasser!

Wem das Vergnügen, sich ein Motorboot, einen Katamaran, ein Segelboot (auch mit Skipper) oder gar eine Jacht zu mieten, nicht zu teuer ist, der ist bei diesen Adressen richtig:

- ●169 [cj] **Boat Greece,** 2 O. Skiáthou, Tel. 2312315154, https://boatgreece.com
- ●170 [B5] **Diamond Yachting,** 1 Leofóros Níkis, Tel. 6987404487, https://diamondyachting.eu
- ●171 [cj] **Nautilia Yachting,** 2 O. Skiáthou, Tel. 2310558192, www.nautilia-yachting.com
- ●172 [F7] **Oceania Yachting,** 15 O. Desperí, Tel. 6988155573, https://oceaniayachting.gr

Autofahren

In Thessaloníki benötigt man weder ein eigenes Auto noch einen Mietwagen. Nur wer das Umland und die Küste kennenlernen möchte, kann ein eigenes Fahrzeug erwägen. Das öffentliche **Verkehrsnetz** der Stadt ist **verhältnismäßig gut** ausgebaut und leicht durchschaubar; außerdem ist das Stadtzentrum übersichtlich und viele Ziele der Innenstadt lassen sich mühelos zu Fuß erreichen. Hinzu kommt, dass **Parkplätze und Parkhäuser** relativ rar gesät und nicht gerade günstig sind. Die Kosten für diese liegen zwischen 3 und 5 Euro pro Stunde, sind dafür aber im 24-Stunden-Takt günstiger. Hotelparkhäuser gibt es nur vereinzelt.

- P166 [G7] **Helexpo (1),** O. Aggeláki/Ecke O. Alexándrou Sválou, 3 €/Std., 20 €/Tag. 300 Stellplätze.
- P167 [H8] **Helexpo (2),** O. 3is Septemvríou/Ecke Leofóros Stratoú, 3 €/Std., 27 €/Tag. 440 Stellplätze.
- P168 [C5] **Parking Center,** 31–33 O. Mitropóleos, 5 €/Std., 30 €/Tag. 200 Stellplätze.

Autofahrer sollten in Thessaloníki Folgendes beachten:

- **Wichtig:** Autofahren kann in der Stadt nervenaufreibend sein. So mancher

Einzigartig ist der Blick auf die Stadt besonders vom Meer aus

061tn-sb

Ortsansässige nimmt es mit den roten Ampeln und Vorfahrtsregeln nicht sonderlich genau, außerdem fahren gerade die Zweiradfahrer recht forsch, weshalb man immer und überall höchst aufmerksam unterwegs sein sollte!

- **Verkehrsregeln:** Die Geschwindigkeitsbeschränkungen liegen innerorts bei 50 km/h, außerorts bei 90 bis 110 km/h und auf der Autobahn bei 130 km/h. Die Grüne Versicherungskarte ist als Nachweis und zur einfacheren Schadensabwicklung empfehlenswert. Das Mitführen einer Warnweste bzw. das Tragen einer solchen bei einem Unfall oder einer Panne wird empfohlen. In Griechenland zugelassene Fahrzeuge müssen außerdem einen Feuerlöscher mit sich führen.
- Die **Blutalkoholgrenze** liegt bei 0,5 ‰.
- **Pannen-Notrufnummer:** Automobil- und Touring-Club Griechenland (ELPA), www.elpa.gr, Tel. +30 2106068800, Pannendienst Tel. 10400

Barrierefreies Reisen

Durch seine engen Gassen, unebenes Pflaster, fehlende Gehwegabsenkungen, den recht chaotischen Verkehr und teilweise steile Straßen ist Thessaloníki für auf eine barrierefreie Infrastruktur angewiesene Reisende **verhältnismäßig schlecht geeignet.** Manche Buslinien erlauben an einigen Stationen einen **barrierefreien Zutritt** und bieten Menschen mit entsprechenden Bedürfnissen in einzelnen Fällen freie Fahrt (Informationen unter https://oasth.gr/en/free-services-for-persons-with-disabilities sowie Tel. 2310933930 und 2310952638). Die Organisation **Accessible Travel** (www.accessibletravel.gr) bietet Informationen über Zugangsmöglichkeiten zu Institutionen, Museen, Kirchen, Gaststätten und Hotels.

Diplomatische Vertretungen

- •**173** [ch] **Deutsches Generalkonsulat,** 33 Leofóros Megálou Alexándrou, Tel. 2310251120, https://griechenland.diplo.de, Mo–Fr 9–12 Uhr
- •**174 Österreichisches Honorarkonsulat,** Industriezone Thérmi, Intergeo-Bürogebäude; an der Kreuzung Kapetán Chápsa mit der Schnellstraße nach Polygyros (Buslinie 67, Haltestelle Stratópedo), Thérmi, Tel. 2310478144, Di/Mi 10–13 Uhr
- •**175** [D7] **Schweizerisches Konsulat,** 47 Leofóros Níkis, Tel. 2310282214/15. Terminabsprache erforderlich.

Kann das entsprechende Konsulat nicht helfen, muss man sich an die Botschaft in Athen wenden:

- **Botschaft der Bundesrepublik Deutschland,** 3 O. Karóli/O. Dimitríou, Tel. 2107285111 bzw. in Notfällen Tel. 6932338153, https://griechenland.diplo.de
- **Botschaft der Republik Österreich,** 4 Leofóros Vasilíssis Sofías, Tel. 2107257270, in Notfällen Tel. +43 1901154411, www.bmeia.gv.at/oeb-athen
- **Botschaft der Schweizerischen Eidgenossenschaft,** 2 O. Iasíou, Tel. 2107230364/65/66, in Notfällen Tel. +41 800247365, www.eda.admin.ch/countries/greece/de/home/vertretungen/botschaft.html

Geldfragen

Auch in Griechenland zahlt man mit dem **Euro.** Das **Preisniveau** in Thessaloníki liegt unter dem deutscher, österreichischer oder Schweizer Städte: Speziell für Lebensmittel,

Thessaloníki preiswert

- Ein guter Tipp für Thessaloníki-Besucher, die mehrere Attraktionen besuchen möchten, ist der Kauf eines **Museums-Kombitickets.** Es gilt für drei Tage und gewährt Eintritt in die Rotónda 10, den Weißen Turm 25, das Archäologische Museum 27 und das Museum der byzantinischen Kultur 28 – Kostenpunkt ab 15 €. Infos erhält man bei jeder dieser Sehenswürdigkeiten.
- Außer bei Imbissständen bekommt man in den allermeisten Lokalen Thessaloníkis ungefragt eine **Karaffe Leitungswasser** zur Bestellung. Wer also ab und an einen Stopp auf einen Espresso oder einen Frappé einlegt, der kann gleichzeitig den Durst stillen.
- Wer sich einen **ersten Überblick** über die Stadt verschaffen will, der hat mehrere preiswertige Möglichkeiten: Z. B. kann man für nur 2 € (erm. 1 €) mit der **blauen Buslinie 50** (s. S. 119) in einer knappen Stunde fast alle Sehenswürdigkeiten abfahren. Gänzlich kostenlos – jedoch mit obligatorischem Verzehr an Bord verbunden – kann man sich vom Weißen Turm 25 mit einer **Karavelle** (s. S. 120) zu einer 30-minütigen Rundfahrt aufs Meer begeben.

Restaurant- und Museumsbesuche zahlt man meist weniger; Hotelpreise liegen hingegen im mitteleuropäischen Durchschnitt.

Genauso wie überall Innerhalb Europas kann man auch hier mit der **Debitkarte** (in Deutschland auch als **Girocard** bekannt) problemlos zahlen und am Automaten Geld abheben. Debitkarten mit Maestro-Funktion sind noch bis zu ihrem Laufzeitende gültig, werden aber seit Juli 2023 sukzessive gegen sogenannte Mastercard-Debit-Karten ausgetauscht, mit denen man ebenfalls im Ausland zahlen und Geld abheben kann.

Kreditkarten sind ebenfalls ein gängiges Zahlungsmittel und werden in den meisten Restaurants und Geschäften sowie an allen Tankstellen akzeptiert. Unter Umständen fallen für Auslandszahlungen Gebühren an. Man sollte sich bei der jeweiligen Bank oder beim Kreditkarteninstitut über die Kosten informieren.

Informationsquellen

Infostellen zu Hause

Im Heimatland informiert die Griechische Zentrale für Fremdenverkehr (GZF, www.visitgreece.gr).

- **GZF Deutschland,** Holzgraben 31, 60313 Frankfurt/M., Tel. 069 2578270
- **GZF Österreich,** Opernring 8, 1010 Wien, Tel. 01 5125317

Infostellen in der Stadt

176 [C6] **Tourist Information Kiosk (1),** Platía Aristotélous, Tel. 0030 2310229070, https://thessaloniki.travel/de, tägl. 10–18, 15.4.–15.9. außerdem Mo–Fr 9–21 Uhr. Neben Broschüren, Karten und anderen Materialien bekommt man hier auch das Stadtmagazin „Greece Is – Thessaloniki" und erhält in der Regel wirklich ausgesprochen fundierte Informationen zu allem, was sich in der Stadt tut und was man erleben kann. Eine Zweigstelle befindet sich an der Rückseite des Reiterstandbilds Alexanders des Großen:

ℹ177 [F8] **Tourist Information Kiosk (2)**, O. 30is Oktovríou, Tel. 0030 2310231473, tägl. 10–18, 15.4.–15.9. außerdem Mo–Fr 9–21 Uhr, **Achtung:** auch zu den angegebenen Öffnungszeiten nicht zuverlässig besetzt!

› Außerdem gibt es auch am **Flughafen** (s. S. 106) in der Ankunftshalle ein Informationsbüro (Tel. 0030 2310471170, Mo–Fr 8.30–20 Uhr).

Thessaloníki im Internet

› **https://thessaloniki.travel/de:** Die offizielle Seite (gr./en./de.) der lokalen Tourismusbehörde ist die umfassendste und aktuellste Infoseite und bietet Hinweise zu Attraktionen, Veranstaltungen, Hotels, Gastronomie, Shoppingmöglichkeiten und reichlich weitere praktische Tipps.

› **https://thessaloniki.gr:** Die Seite der Stadtverwaltung (gr./en.) wartet mit Zahlen, News, Veranstaltungen etc. auf. V. a. die Rubrik „Visitor" ist für Besucher recht aufschlussreich.

› **www.greece-is.com/thessaloniki:** Die englischsprachige Seite „Greece Is" enthält exzellente Tipps und Infos, spannende Texte zum Leben in der Stadt und reichlich Empfehlungen.

› **https://inthessaloniki.com:** Diese Seite beinhaltet relativ viele Infos und Tipps zu Aktivitäten in Thessaloníki, aber auch im Umland (gr./en.).

Publikationen und Medien

Die drei renommiertesten **Lokalzeitungen** sind Aggeliofóros, Makedonía und Típos Thessaloníkis. Sie verfügen über recht aufschlussreiche Beilagen – Voraussetzung sind Griechischkenntnisse. Die beste Stadtzeitschrift ist das einmal jährlich herausgegebene Magazin **„Greece Is – Thessaloniki"** mit allem Wichtigen zu Wer, Was, Wann und Wo. Man erhält es in den Touristeninformationen (s. S. 110).

An den Kiosken gibt es auch Getränke, Snacks und Fahrkarten

062tn-dk

Meine Literaturtipps

Zur Einstimmung auf die oder als Begleitung auf der Reise bieten sich die folgenden Werke an:

- Victoria Hislop, **Eine Geschichte von Liebe und Feuer** (2012). Ein fesselnder und v. a. brillant recherchierter Roman über 100 Jahre Stadtgeschichte. Der junge, in England aufgewachsene Mitsos erfährt von der Vergangenheit seiner Großeltern in der Stadt und geht diesem Erbe auf den Grund.
- Mirko Heinemann, **Die letzten Byzantiner: Die Vertreibung der Griechen vom Schwarzen Meer** (2019). Der Autor begibt sich auf eine Spurensuche, um der Geschichte seiner Großmutter nachzuspüren, die als Griechin vom Schwarzen Meer 1917 aus dem Osmanischen Reich vertrieben wurde und somit das Schicksal zahlloser Einwohner Thessaloníkis teilte.
- Eftychia Kourkoutidou-Nikolaidou und Anastasia Tourta, **Spaziergänge durch das Byzantinische Thessaloniki** (1997). Die „Bibel" für alle, die sich für byzantinische Kunst und Architektur interessieren. Neben informativen Texten finden sich auch zahlreiche Fotos, Karten und Grundrisszeichnungen zu existierenden und ehemaligen Gebäuden der Stadt.
- Mark Mazower, **Salonica – City of Ghosts** (2004). In diesem historischen Werk wird über Thessaloníki in der Zeit von 1430 bis 1950 berichtet. Ein großartiger Überblick über die kosmopolitische Vergangenheit der Stadt – allerdings nur auf Englisch.

Wer sich besonders für die jüdische Geschichte Thessaloníkis interessiert, dem seien die beiden folgenden Werke ans Herz gelegt:

- Nina Nahmia, **Réina Gilberta: Ein Kind im Ghetto von Thessaloníki** (2009). Erinnerungen einer griechisch-jüdischen Familie vor dem Abgrund des Holocaust. Hauptfigur ist die kleine Réina Gilberta, die die Schrecken der Verfolgung überlebt, weil Edda, ihre Mutter, sie einem Kloster anvertraut. Die Autorin stellt parallel zum Erzählstrang der Familiengeschichte fast 500 Jahre jüdischer Historie in der Stadt dar.
- Rena Molcho und Vilma Hastaoglou-Martinidis, **Jüdische Orte in Thessaloniki** (2016). In Form eines historischen Rundgangs werden hier (ehemalige) Orte jüdischen Lebens äußerst detailliert beschrieben und in ihren historischen Kontext gesetzt.

LGBT+

Thessaloníki verfügt nur über eine kleine und eher diskrete schwul-lesbische Szene. Zwar sind die Einheimischen **grundsätzlich tolerant gegenüber Homosexuellen**, dennoch beobachtet man im Alltag nur selten körperliche Zärtlichkeiten, z. B. Händchenhalten, zwischen gleichgeschlechtlichen Partnern. Ein wirkliches Epizentrum der schwulen und lesbischen Szene gibt es nicht, vielmehr sind Lokale und Clubs mit homosexuellem Publikum über die ganze Stadt verteilt, richten sich dabei jedoch in den meisten Fällen nicht ausschließlich an die LGBT-Community. Seit 2012 findet in der Stadt im Juni eine Pride-Parade statt.

178 [D6] **Anothen,** 22 O. Karólou Diehl, Tel. 2310278517. Als Allround-Café-Bar mit super Cocktails ist das Anothen in der homosexuellen Szene äußerst beliebt, richtet sich aber nicht auschließlich an Schwule und Lesben.

179 [D4] **artCore,** 9 O. Garmpolá, Tel. 2315505400. Im artCore direkt beim Römischen Forum 8 kehren Künstler, Intellektuelle, Studenten u. v. a. für einen Kaffee oder ein kaltes Getränk ein. Auch in LGBT-Kreisen sehr beliebt.

180 [E7] **Bau's,** 5 Lóri Margaríti, Tel. 2310226407. Zwar ist auch die coole Bar Bau's mitten in der Innenstadt nicht explizit ein Schwulenlokal, aber man deklariert sich als „gay friendly".

181 [B4] **eNola,** 19 O. Valaorítou, Tel. 6936563656, www.enola.gr. Der älteste schwule Nightclub der Stadt. Täglich ab 23.30 Uhr wird hier gefeiert, häufig mit wilden Shows und angesagten Themenpartys.

182 [A4] **exPOSE,** 31 O. Politechníou, Tel. 6993707558, auf Facebook, Fr/Sa ab 23 Uhr. Auch bei exPOSE handelt es sich um einen bei Gays beliebten Club inklusive cooler Bar.

Medizinische Versorgung

Mit der **Europäischen Krankenversicherungskarte** (EHIC) können gesetzlich Krankenversicherte europaweit unmittelbar erforderliche medizinische Versorgung in Anspruch nehmen. Sie befindet sich auf der Rückseite der regulären Versichertenkarte und gilt in allen Ländern der EU. Die Vorlage der Karte genügt, um bei Unfall oder akuter Erkrankung behandelt zu werden. Im Einzelfall kann es jedoch sein, dass man die Kosten zunächst selbst tragen muss und einem der Betrag später im Heimatland gegen Vorlage einer Quittung erstattet wird. Gegebenenfalls kann es von Vorteil sein, eine **Auslandsreisekrankenversicherung** abzuschließen, insbesondere hinsichtlich des Rücktransports im Krankheitsfall. Schweizer Staatsbürger sollten sich im Vorfeld der Reise bei ihrer Krankenversicherung erkundigen, welche Leistungen in Griechenland erbracht werden.

063tn-dk

> *Problemlos am grünen Kreuz erkennbar: griechische Apotheken*

Apotheken – auf Griechisch Φαρμακείο *(farmakío)* – sind in Thessaloníki zahlreich und leicht am grünen Kreuz zu erkennen. Außerhalb der regulären Öffnungszeiten (meist Mo–Sa 9–21 Uhr) findet man Nachtapotheken über die Aushänge an den Apotheken oder über die Tel.-Nr. 107 zu erfragen.

Bei kleineren Verletzungen kann man sich in die Erste-Hilfe-Station eines **Krankenhauses** begeben. Auskunft über nahe Krankenhäuser und Kliniken sowie diensthabende Ärzte erhält man unter der Telefonnummer 1434. Das größte Krankenhaus der Stadt ist das Ippokrátio Hospital:

183 [dh] **Ippokrátio Hospital,** 49 O. Konstantinoupóleos, Tel. 2310892000, www.ippokratio.gr

Auf der Website der deutschen Botschaft (https://griechenland.diplo.de) findet sich eine **aktuelle Liste mit deutschsprachigen Ärzten** (Suchbegriff: „Ärzte"). Außerdem erhält man über SOS Doctors Hinweise zu nahegelegenen Arztpraxen:

› **SOS Doctors:** Tel. 1016, www.sosiatroi.gr

Mit Kindern unterwegs

Für Familien gibt es mehrere Möglichkeiten, eine unterhaltsame Zeit in Thessaloníki zu verbringen. Die Stadt kann durchaus als kindgerecht, wenn auch nicht per se als Kinderparadies bezeichnet werden. Doch mit etwas Vorbereitung, z. B. zu historischen Fakten oder mit anderen altersgerechten Hintergrundinformationen, mögen Sehenswürdigkeiten wie das **Römisches Forum** 8, der **Galerius-Palast** 12, die **Byzantinische Stadtmauer** 21 mitsamt **Kástro** und **Eptapírgio** 22, der **Weiße Turm** 25 sowie das **Archäologische Museum** 27 oder das **Museum der byzantinischen Kultur** 28 auch für junge Besucher interessant sein. Wem das alles zu wenig Sauerstoff beinhaltet, der findet entlang der **Neuen Uferpromenade** 26 auch draußen reichlich Amüsantes und Unterhaltsames für Groß und Klein. Weitere speziell für Familien mit Kindern lohnenswerte Ziele im Umland der Stadt sind:

184 [B5] **Museum of Illusions,** 5. O. Dóxis 5, Tel. 2312314250, https://

058tn-sb

museumofillusions.gr, Mo–Sa 11–21, So 11–20 Uhr, Eintritt 11 €, erm. 8 €. Im Museum der Illusionen dreht sich alles um optische Täuschungen. In mehreren Ausstellungsräumen finden sich interaktive Exponate, die einen die Realität vollkommen verzerrt erleben lassen. Unterhaltung und lustige Fotos sind garantiert.

185 NOESIS, O. Thessaloníkis, 6 km, Thérmi, Tel. 2310483000, www.noesis.edu.gr, Di/Fr/Sa 9–16.30, Mi/Do 12–19.30, So 14–21.30 Uhr, Eintritt 12 €, erm. 8 €, Familientickets ab 27 €. 12 km südöstlich von Thessaloníki liegt das Wissenschaftszentrum und Technologiemuseum NOESIS. Es handelt sich dabei um eine gemeinnützige Kulturstiftung, die Innovation und Technologie fördert. Der Besucher kann sich im Planetarium, im 3D-Kino, im sogenannten Cosmotheater und im Bewegungssimulator digitale Shows ansehen. Darüber hinaus sind Oldtimer zu bestaunen und es finden Wechselausstellungen, Bildungsprogramme und verschiedene kulturelle Veranstaltungen statt.

•**186 Waterland,** 5i Odós, Tagarádes, Tel. 2392072025, www.waterland.gr, tägl. 10–18 Uhr, Mitte Juni–Anfang Sept. tägl. 10–19 Uhr, Eintritt ab 15 €, erm. 12 €. Auf 150.000 m² finden sich hier Rutschen, Wellenbecken, verschiedene Pools, künstliche Flusslandschaften, die man auf Badereifen und Schlauchbooten durchfährt, und allerlei andere Gelegenheiten für Spaß im Nassen. Außerdem gibt es Lokale und Ruhebereiche, sodass man hier ohne Probleme einen ganzen Tag verbringen kann.

Perfekt auch für die kleinen Besucher: eine Fahrt mit einer Karavelle (s. S. 120)

An den meisten touristischen Orten der Stadt ist man auf Kinder eingestellt

064tn-sb

Notfälle

Verlust und Diebstahl

Diebstähle und Verlust von Wertgegenständen, Geld, Kreditkarten und speziell des Ausweises muss man, aus Versicherungsgründen, bei der **Polizei** melden und protokollieren lassen.

187 [D5] **Downtown Police Station,** 18 O. Aristotélous, Tel. 2310253341 oder 171

› **Fundbüro der Verkehrsbetriebe OASTH:** Tel. 2310981245 oder 185

› **Fundbüro der Busgesellschaft KTEL am Makedonia-Busbahnhof** (s. S. 107): Tel. 2310595463

› **Fundbüro des Flughafens:** Tel. 2310985000

Kartensperrung

Bei **Verlust der Debit-/Giro-, Kredit- oder SIM-Karte** gibt es für Kartensperrungen eine **deutsche Zentralnummer** (unbedingt vor der Reise klären, ob die eigene Bank bzw. der jeweilige Mobilfunkanbieter diesem

Notrufsystem angeschlossen ist). **Aber Achtung:** Mit der telefonischen Sperrung sind die Bezahlkarten zwar für die Bezahlung/Geldabhebung mit der PIN gesperrt, nicht jedoch für das **Lastschriftverfahren mit Unterschrift.** Man sollte daher auf jeden Fall den Verlust zusätzlich **bei der Polizei zur Anzeige bringen,** um gegebenenfalls auftretende Ansprüche zurückweisen zu können.

In **Österreich** und der **Schweiz** gibt es keine zentrale Sperrnummer, daher sollten sich Besitzer von in diesen Ländern ausgestellten Debit- oder Kreditkarten vor der Abreise bei ihrem Kreditinstitut über den zuständigen Sperrnotruf informieren.

Generell sollte man sich immer die **wichtigsten Daten** wie Kartennummer und Ausstellungsdatum **separat notieren,** da diese unter Umständen abgefragt werden.

› **Deutscher Sperrnotruf:** Tel. +49 116116 oder Tel. +49 3040504050
› **Weitere Infos:** www.kartensicherheit.de, www.sperr-notruf.de

Notrufnummern

› **Euronotruf:** Tel. 112
› **Polizei:** Tel. 100 (Notfall), Tel. 1033 (Sonstiges)
› **Feuerwehr:** Tel. 199
› **Pannenhilfe:** Tel. 10400
› **Rettung:** Tel. 166
› **Notarzt:** Tel. 105
› **Touristenpolizei:** Tel. 171
› **24-Stunden-Apotheken:** Tel. 107

Öffnungszeiten

Feste Ladenöffnungszeiten wie in Deutschland, Österreich oder der Schweiz gibt es in Thessaloníki nicht. Das Gros der **Geschäfte** hat Mo–Sa durchgehend von 9 bis 21 Uhr geöffnet. Doch abseits der Haupteinkaufsstraßen – z. B. in der Áno Póli – haben viele Geschäfte Mo, Mi und Sa nur 9–15 sowie Di, Do und Fr 9–19 Uhr geöffnet, dafür aber ab und zu mit Mittagspause zwischen 14 und 17 Uhr.

Restaurants sind meist jeden Tag 11.30–15 und 19.30–24 Uhr geöffnet. **Kioske** – auf Griechisch *períptero* genannt – haben durchgehend bis spätabends, viele sogar rund um die Uhr geöffnet.

Museen und andere Sehenswürdigkeiten unterliegen ebenfalls keiner einheitlichen Regelung. Als Richtwert gilt, dass sie zwischen Anfang April und Ende Oktober tägl. von 9 bis 19 Uhr offen haben; Montag ist gelegentlich Ruhetag oder nur halbtags offen. Zwischen November und März schließen viele Sehenswürdigkeiten bereits um 15 oder 16 Uhr.

Banken haben Mo–Fr 8–14 Uhr und einige 1–2 Stunden am Nachmittag, **Postämter** Mo–Fr 7.30–20.30 und Sa bis 14.30 Uhr geöffnet.

Post

Standardsendungen bis 20 g und Postkarten innerhalb Europas kosten 1 Euro. Postämter sind meist Mo–Fr 7.30–20.30 Uhr, das Hauptpostamt auch am Wochenende geöffnet. Die gelben Briefkästen tragen die Aufschrift ΕΛΤΑ (Post) und haben meist nur einen Schlitz für alle Sendungen. Mehr Informationen erhält man unter www.elta.gr.

✉188 [D5] **Hauptpostamt Thessaloníki,** 38 O. Vasiléos Iraklíou, Tel. 2310277434, Mo–Fr 7.30–20.30, Sa 7.30–14.30 und So 9–13.30 Uhr

Radfahren

Thessaloníki ist leider alles andere als eine fahrradfreundliche Stadt! Zwar bemüht sich die Stadtverwaltung, Radwege und eine entsprechende Infrastruktur zu schaffen, doch durch die **vielen Steigungen** und den teils äußerst **chaotischen Verkehr** macht das Radeln hier nicht wirklich überall Spaß. Ausnahmen stellen höchstens Teile der Unteren Altstadt und natürlich die Neue Uferpromenade (26) dar.

Seit einigen Jahren stehen an über die Stadt verteilten Terminals die sog. **ThessBikes** zur Verfügung, die ab 1 Euro pro Stunde zu mieten sind. Doch anders als bei vergleichbaren Systemen weltweit, muss man sich in Thessaloníki nicht nur an einem der Terminals registrieren, sondern auch persönlich bei einer ThessBike-Station vorsprechen, um einen **personalisierten Magnetschlüssel** zu erhalten. Informationen erhält man unter www.thessbike.gr (Tel. 6978008141).

Daneben gibt es den Fahrrad-Sharing-Anbieter **ridemovi**, für den man die gleichnamige App herunterladen muss und der sich auch für Touristen eignet. Man steigt aufs Rad, wo der letzte Nutzer es geparkt hat, und parkt es dort, wo man selbst seine Fahrt beenden möchte (https://www.ridemovi.com).

Vermieter von Fahrrädern sind außerdem:

- **S189** [cg] **BikeIT,** 2 Leofóros Megánou Alexándrou, Tel. 2310888920, https://bikeitrentals.com
- **S190** [E5] **City Bikes,** 1 O. Plátonos 1/Ecke O. Egnatía, Tel. 2314035128, https://city-bikes.gr

Sicherheit

Thessaloníki ist weitestgehend sicher, zumindest keineswegs gefährlicher als jede andere europäische Metropole. Am häufigsten taucht in der Kriminalstatistik der **Taschen-**

Zumindest in Teilen der Unteren Altstadt ist das Fahrrad eine sinnvolle Alternative zum Spaziergang

diebstahl auf und so gilt: Lassen Sie Ihre Tasche nie aus den Augen! Die Geldbörse und das Handy gehören in die innere Jackentasche, der Rucksack auf Märkten oder in öffentlichen Transportmitteln auf den Bauch und Wertgegenstände wie Schmuck oder größere Geldbeträge in den Hotelsafe. Wenn man bestohlen wurde, sollte man auf der nächsten Polizeistation Anzeige erstatten, denn das ist wichtig für Ansprüche gegenüber **Versicherungen** (z. B. Reisegepäckversicherung) usw. (s. S. 115).

Seit der Schuldenkrise 2010 sind **Demonstrationen** oder **Warnstreiks** relativ häufig und in seltenen Fällen kommt es zu schwerwiegenden **Beeinträchtigungen des öffentlichen Lebens.** Ein Blick in die Tagespresse oder eine Nachfrage bei der Rezeption sollten reichen, damit man entsprechend problemlos den Flughafen erreichen oder einfach nur den Stadtspaziergang genießen kann.

Sprache

In den meisten Fällen sprechen die Einheimischen **Englisch, Deutsch** jedoch nur selten. Dennoch tut man gut daran, sich ein paar Wörter und Floskeln auf **Griechisch** anzueignen. Im Anhang dieses Buches findet sich zur besseren Verständigung vor Ort eine Kleine Sprachhilfe (s. S. 130) mit den wichtigsten griechischen Begriffen und Redewendungen. Und was ist mit Altgriechisch? Nun, die Sprache Sophokles' und Platons hat nur wenig mit dem modernen Neugriechisch gemeinsam, sieht man von der Schrift und einem gewissen Grundvokabular ab.

Telefonieren

Thessaloníkis **Vorwahl** lautet 2310. Sie muss auch innerhalb der Stadt von Festnetz zu Festnetz oder vom Handy zum Festnetz immer mitgewählt werden.

Die griechische **Ländervorwahl** ist 0030. Aus Griechenland müssen folgende Nummern vorgewählt werden:

- Deutschland: 0049
- Österreich: 0043
- Schweiz: 0041

In der EU gibt es keine Roaminggebühren mehr. Damit ist das Telefonieren und Surfen mit dem Handy im EU-Ausland so günstig wie zu Hause – es sei denn, man nutzt das Handy im Ausland über einen längeren Zeitraum hinweg, dann können je nach Anbieter Nutzungsobergrenzen gelten.

Touren

Stadttouren

Die hier beschriebenen Touren sind in der Regel praktisch, da alle wichtigen Sehenswürdigkeiten in einem Rutsch angefahren werden. Wirklich persönlich sind sie aber nicht, so werden z. B. die Erklärungen zu den einzelnen Attraktionen häufig als vorgefertigte Audiodatei über Kopfhörer eingespielt.

- **SightSeeing Thessaloniki,** https://thessaloniki-sightseeing.com, Tel. 2310515944. Die dunkelroten Doppeldeckerbusse – oben offen – sieht man überall in Thessaloníki. SightSeeing bietet eine Tour durch die Stadt (auch auf Deutsch per Kopfhörer), wobei das Ticket einen (16 €, erm. 10 €) oder zwei (30 €, erm. 16 €) Tage gültig ist und im „Hop-on-hop-off"-Verfahren benutzt werden kann. Die Busse fahren an acht Orten in der Stadt ab, wobei die Haltestelle am Weißen Turm 25 den bestfrequentierten Anfangs- und Endpunkt markiert.

› **Thessaloniki City Sightseeing,** https://city-sightseeing.com. Auch die internationale City Sightseeing Gruppe bietet rote Hop-on-hop-off-Bustouren an. Ein- und aussteigen kann man an insgesamt sechs Stationen (auch hier gilt der Weiße Turm 25 als Hauptanlaufstelle). Das Tagesticket kostet 16 €, erm. 10 € und es gibt ein Familienticket für 40 €.

› **Thessaloniki on the go!** http://oasth.gr/#en/cultural-route, Tel. 11085. Die blaue **Buslinie 50** der Verkehrsbetriebe OASTH bietet eine Tour durch die Stadt (auf Griechisch und Englisch) an. Die Fahrt beginnt zu jeder vollen Stunden von 9 bis 16 Uhr (zwischen Anfang Juni und Ende September 8 bis 21 Uhr) am Weißen Turm 25 und „klappert" in 50 Min. 16 Sights der Stadt ab. Somit bekommt man einen ersten Überblick, um sich danach leichter orientieren zu können. Die Tickets sind nur für die entsprechende Fahrt gültig (1,80 €, erm. 0,90 €).

Weitere kostenpflichtige Touren zu diversen Themen werden von den folgenden Anbietern angeboten. Informationen sollte man den entsprechenden Websites entnehmen. Hier werden auch die Treffpunkte für die einzelnen Touren angegeben:

› **Epiculiar,** www.epiculiar.tours, Tel. 6973799991 und 6973799992. Interessante Stadtführungen (auf Englisch) zu Fuß, per Minibus oder sogar per Boot, die sich speziell mit den Gaumenfreuden der Stadt beschäftigen. Es gibt Verkostungs-, Weinproben- und Markttouren, die in der Regel nur aus kleinen Gruppen bestehen. Eine frühe Buchung wird empfohlen.

066tn-dk

Gut für einen ersten Überblick: die Sightseeing-Busse, die am Weißen Turm 25 abfahren

› **Streetart Thessaloníki Tours,** www.facebook.com/StreetArtThessalonikiTours. Aufschlussreiche, etwa zweistündige Touren durch diverse Stadtviertel zum Thema Street-Art (ab 15 € pro Person). Thessaloníki hat eine äußerst aktive Graffitiszene mit einigen sehr sehenswerten Kunstwerken, teilweise in wirklich atemberaubenden Ausmaßen (s. S. 71).

› **Thessaloniki Walking Tours,** https://thessalonikiwalkingtours.com, Tel. 2310424916. Eine Reihe themenbezogener Stadtführungen, z. B. durch die Untere Altstadt, durch die Áno Póli, zur jüdischen Stadtgeschichte, zum Rebétiko o. Ä. Das Programm (auf Englisch) legt Wert darauf, den Teilnehmern die weniger bekannten Orte der Stadt näherzubringen. Definitiv ein Blick über den Touri-Tellerrand!

MEINE TIPPS

Im Norden der Bucht – das Axios-Delta

Circa 25 km südwestlich von Thessaloníki, und zwar auf der nördlichen Seite der Bucht, erstreckt sich der gewaltige Nationalpark Délta Áxios – Loudías – Aliákmon, der mit einer Fläche von 338 km² eines der wichtigsten Ökosysteme Griechenlands darstellt. Bestehend aus Flussmündungen, Sümpfen, Lagunen und Salinen, die sich entlang des Thermaischen Golfs ziehen, ist der Nationalpark ein ideales Biotop für eine ganze Reihe von Pflanzen, Säugetieren, Reptilien und allein 300 Vogelarten. Durch das Areal verlaufen verschiedene Routen, die man erwandern kann, wobei der Ausgangspunkt immer das Nationalpark-Informationszentrum in Chalástra sein sollte (westlich von Thessaloníki, über die Autobahn A1 zu erreichen).

•191 **Informationszentrum Axios-Delta,** Chalástra o.N., Tel. 2310794811, https://axiosdelta.gr, Anreise per Bus ab KTEL-Busbahnhof (s. S. 107) in Richtung Síndros, dort Umstieg in Richtung Néa Málgara (Fahrtzeit etwa 60 Min.), Abfahrtszeiten siehe: https://ktelmacedonia.gr.

Thessaloníki aus der Piratenperspektive

Unterhalb des Weißen Turms 25 legen (vorrangig in den Monaten April bis Oktober) zwischen 10.45 und 1 Uhr etwa alle 30 bis 45 Minuten hübsch verzierte **Karavellen** zu einer halbstündigen Bootstour entlang der Uferpromenade und bis zum Hafen ab. Diese Rundfahrten sind kostenlos, verpflichten aber zum Konsum eines alkoholischen oder nicht-alkoholischen Getränks. Reservierungen sind nicht notwendig!

Touren im Umland

Das Umland Thessaloníkis verfügt über eine Vielzahl attraktiver Sehenswürdigkeiten, die problemlos während eines Halbtags- oder Ganztagsausflugs besichtigt werden können. Hierzu gehören in erster Linie die in diesem Buch vorgestellten archäologischen Stätten wie **Pélla** 31 oder **Vergína** 32, aber auch die heißen Quellen bei **Pózar**, die Halbinsel **Chalkidikí** mit dem sagenumwobenen Athos-Berg, die **Meteóra-Klöster**, das historische Städtchen **Édessa** u. v. m.

› **Ammon Express,** 3 O. Íonos Dragoúmi, Tel. 2310500225, www.ammonexpress.gr. Ammon Express organisiert ausgesprochen informative und individuell geführte Touren durch Thessaloníki sowie ins Umland – darunter eine Tour nach Pélla 31 und Vergína 32 – und selbst Kochkurse kann man hier buchen. Preise ab ca. 55 € p. P. inklusive Transport, aber ohne Eintrittstickets und Verpflegung.

› **Thessaloniki Tours,** Tel. 2310223282, http://thessalonikitours.org. Auch dieser Anbieter organisiert Touren und Führungen in Thessaloníki sowie im Umland, darunter mehrtätige Programme in Nordgriechenland, Insel-Hopping o. Ä. Preise je nach Ziel und Gruppe unterschiedlich.

Uhrzeit

In Griechenland gilt die **OEZ (Osteuropäische Zeit)**, die der bei uns gültigen MEZ (Mitteleuropäische Zeit) um **eine Stunde voraus** ist. Von Ende März bis Ende Oktober (also rund vier Wochen länger als in Deutschland, Österreich oder der Schweiz) gilt in Griechenland die Sommerzeit. Neben den **offiziellen Zeitangaben** von 1 bis 24 benutzt man meist nur die 12-Stunden-

Uhr, d.h. es wird für den Vormittag ein π.μ. für πρό μεσημβρίας (*pró mesimvrías* = vormittags) nachgestellt, für nachmittags hingegen ein μ.μ. für μετά μεσημβρίας (*metá mesimvrías* = nachmittags).

Unterkunft

Allgemeine Situation

Die Stadt verfügt über **mehrere Hundert Hotels aller Kategorien** und ist, im Vergleich zu anderen europäischen Großstädten, auch nicht übertrieben teuer. Die allermeisten Übernachtungsmöglichkeiten befinden sich in der **Unteren Altstadt**, doch auch in der **Áno Póli** gibt es Unterkünfte in Form von Hotels, Hostels und familiengeführten Bed & Breakfasts. Viele dieser Adressen werden von der Thessaloniki Hotels Association klassifiziert und auf deren Homepage gelistet. Eine **Vorausbuchung** empfiehlt sich das ganze Jahr über, speziell aber in den Frühlings- und Sommermonaten sowie im Advent, über Silvester und generell an Wochenenden sowie während Messen. **Hochsaison** ist um das orthodoxe Osterfest und zu Pfingsten, von Juni bis August sowie im Dezember; dann werden die Zimmer oft knapp.

Unterkünfte berechnen eine **obligatorische Ortstaxe**, die pro Nacht und Person je nach Kategorie zwischen 0,50 und 4 € beträgt.

› **THA**, 81A O. Egnatía, Tel. 2310273993, https://thessalonikihotels.travel. Die Thessaloniki Hotels Association verfügt auf ihrer Website über reichlich Infos zum Thema Hotelbuchung und stellt einzelne Unterkünfte vor.

Hotels und Pensionen

Bei der Auswahl der nachfolgenden Unterkünfte wurde Wert darauf gelegt, dass sich diese an unterschiedlichen Orten der Stadt befinden und außergewöhnlich sind. Sämtliche hier aufgeführten Adressen verfügen über WLAN.

Perfekte Lage in Ladádika: das Colors Central *(s. S. 122)*

Mittlere und günstige Kategorie

192 [G6] **ABC Hotel** €, 41 O. Aggeláki, Tel. 2310265421, www.hotelabc.gr. **Für wenig Geld mitten im Trubel.** Zwar gewinnt dieser schlichte Betonkasten für sein Äußeres sicher keinen Preis, aber die 100 modernen Zimmer in diesem Dreisternehotel lassen zu überaus moderaten Preisen definitiv keine Wünsche offen – und das nur einen Katzensprung vom Weißen Turm, der Neuen Uferpromenade und den großen Museen entfernt.

193 [C5] **Amalia** €, 33 O. Ermoú, Tel. 2310268321, https://hotelamalia.gr. **Minimalistisch in Marktnähe.** Das Amalia ist zweifelsohne ein bisschen in die Jahre gekommen. Doch die 66 Zimmer (die meisten davon mit Balkon) auf neun Etagen sind vergleichsweise groß geschnitten und die Lage gegenüber dem Modiano-Markt ist hervorragend. Wer also wenig zahlen möchte und doch einen vernünftigen Standard mitten im Zentrum will, der ist in diesem Zweisternehotel gut aufgehoben.

194 [C5] **City Hotel** €-€€, 11 O. Komninón, Tel. 2310269421, www.cityhotel.gr. **Modern wohnen im Zentrum.** In der Nähe des Meeres und der Platía Aristotélous steht dieses trendig-junge Designhotel mit 125 Zimmern. Das stylishe Interieur richtet sich an ein junges Publikum, doch im City Hotel dürfte sich jeder wohlfühlen. Viele Zimmer haben einen Balkon und es gibt ein Fitnessstudio sowie ein kleines Spa.

Preiskategorien

Da Preise saisonal variieren und zudem rasch veränderlich sind, ist es unmöglich, genaue Beträge anzugeben. Die nachfolgenden Preiskategorien können daher nur als Anhaltspunkt dienen und beziehen sich auf eine Übernachtung im DZ inkl. Frühstück.

€	unter 100 €
€€	100–150 €
€€€	über 150 €

195 [B5] **Colors Central** €€, 1 O. Oplopioú/Ecke O Katoúni, Tel. 2316007676, https://colorscentral.reserve-online.net. **Kleine, aber feine Wohlfühloase** beschreibt dieses geschmackvoll gestaltete Hotel wohl am allerbesten. Das Central ist eine interessante Mischung aus Hotel und Ferien-Apartment, so haben alle Zimmer einen abgetrennten Wohnbereich, in dem man separat frühstückt. Beim bunt gehaltenen Design stehen Charme und Individualität im Vordergrund und durch die Lage mitten im Szeneviertel Ladádika (schallgedämpfte Fenster in allen Zimmern) werden hier v. a. ausgehfreudige Gäste auf ihre Kosten kommen.

196 [D3] **Domotel Hotel Olympia** €€, 65 O. Olímpou, Tel. 2310366466, https://domotel.gr/olympia. **Gutes Frühstück und cooles Design.** In diesem schicken Boutiquehotel mit 97 Zimmern werden sich v. a. Frühstücksfans wohlfühlen. Der Komfort der Zimmer ist für diese Preisklasse vorbildlich, so sind alle mit Designermöbeln ausgestattet und verfügen über Marmorbäder. Das Hotel Olympia steht unweit des Römischen Forums und keine zehn Gehminuten von der Platía Aristotélous entfernt.

197 [B3] **El Greco** €, 23 O. Egnatía, Tel. 2310520620, www.hotelelgreco.gr. **Optimale Verkehrsanbindung.** Vielleicht findet das El Greco nicht unbedingt eine Extraerwähnung in einer Kurznachricht aus dem Urlaub, aber mit seinen sehr unterschiedlich gestalteten 90 Zimmern ist das Dreisternehotel im Nordwesten der Unteren Altstadt definitiv eine verlässliche Adresse. Das Team ist ausgesprochen zuvorkommend und das Ambiente lässt für diese Preiskategorie wahrlich keine Wünsche offen.

198 **Galaxy Design Hotel** €, 1 O. Melína Merkoúri, Tel. 2310592100,

2310696142, https://galaxyarthotel.gr. **Perfekt für Reisende mit Auto.** Ausgesprochen angenehmes, schick designtes Dreisternehotel mit 31 Zimmern und Suiten. Zwar ist man hier im Stadtviertel Oreókastro im Norden Thessaloníkis etwa 10 Kilometer vom Zentrum entfernt (öffentlich mit dem Bus Nr. 56 zu erreichen, Fahrtzeit etwa 30–40 Min.), doch dafür sind die Preise für den angebotenen Komfort geradezu günstig. Wer mit dem Auto anreist, findet in unmittelbarer Nähe reichlich kostenfreie Parkmöglichkeiten.

199 [B3] **Hotel Augustos** €, 4 O. Elénis Svorónou, Tel. 2310522550. **Ideal für Shopper.** Das in einem neoklassizistischen Gebäude aus den 1920er-Jahren befindliche Augustos kann definitiv weit mehr als man seinen niedrigen Preisen zutrauen würde. In den 18 stilvoll dekorierten Zimmern soll sich der Gast nämlich wie zu Hause fühlen und nicht nur sein Gepäck abstellen – so die Betreiber. Das Frühstücksbüfett ist abwechslungsreich und es gibt eine Bar für den späten Gute-Nacht-Drink.

200 [C5] **Hotel Luxembourg** €€, 6 O. Komninón, Tel. 2310252600, www.hotelluxembourg.gr. **Klassisch-elegant wie aus vergangenen Zeiten.** Mitten im Stadtzentrum befindet sich dieses geschmackvoll-klassisch designte Hotel in einem restaurierten Art-déco-Gebäude. Die 41 Zimmer sind alle individuell eingerichtet und bieten ein wahrhaft erstaunliches Ambiente. Wer früh bucht, bekommt häufig äußerst gute Angebote.

201 [E4] **Orestias Kastoria** €, 14 O. Agnóstou Stratiótou, Tel. 2310269815 und 2310276517, https://okhotel.gr. **Perfekt für Hobby-Archäologen.** Schlicht, aber funktional beschreibt dieses in einem stattlichen Gebäude befindliche Zweisternehotel direkt am Römischen Forum wohl am besten. Die 37 Zimmer sind allesamt individuell konzipiert, geräumig und haben durchweg hohe Decken. Gutes Preis-Leistungs-Verhältnis.

202 [B5] **Plaza Hotel** €-€€, 5 O. Pagéou, Tel. 2310520120, www.hotelplaza.gr. **Cooles Design in Ladádika.** Das Motto des Plaza Hotel könnte so lauten: „mit bestem Service zu niedrigen Preisen verwöhnen". In der Tat ist dieses angenehme Hotel, das sich nur einen Steinwurf vom Hafen entfernt befindet, eines der besten seiner Kategorie und überzeugt durch zeitgemäße Ausstattung, Komfort, Eleganz und Gastfreundlichkeit.

Obere Kategorie und Boutiquehotels

203 [B4] **Bahar Boutique Hotel** €€-€€€, 10 O. Edéssis Ecke O. Katoúni, Tel. 2310553433, https://baharboutiquehotel.com. **Individuelles Kleinod in Áno Ladádika.** Dieses kleine, blau getünchte Designhotel mit nur 16 Zimmern befindet sich in einem in den 1930er-Jahren gebauten neoklassizistischen Gebäude im brodelnden Herzen des ehemaligen Gewürzhändlerviertels Áno Ladádika. Doch die eleganten, hohen Zimmer und Suiten – alle sonnendurchflutet – sind durchweg ruhig und gemütlich. Das Frühstück ist wirklich großartig.

204 [B5] **Capsis Bristol Boutique Hotel** €€€, 2 O. Oplopioú/Ecke O. Katoúni, Tel. 2310506500, https://bristol.gr. **Klein, aber oho!** Mitten in Ladádika bietet dieses Boutiquehotel Komfort der Meisterklasse. Mit nur 20 Zimmern eine der kostspieligeren, aber auch persönlichsten Alternativen unter den „edlen" Hotels der Stadt. Die – ausnahmslos mit echten Antiquitäten – traditionell eingerichteten Zimmer und Suiten versprühen den Charme des ausgehenden 19. Jh.

205 [D5] **Egnatia Palace Hotel** €€-€€€, 61 O. Egnatía, Tel. 2310222900, www.egnatiapalace.gr. **Wellness und Erholung zum Bestpreis.** Mit 43 Zimmern stellt das moderne Egnatia Palace Hotel eine beliebte Adresse mitten im Stadtzentrum dar. Neben der geschmackvollen Einrichtung überzeugt das Hotel durch sein reiches Verwöhnangebot, das von Entspannung (Indoor-Pool, Whirlpool und Sauna) bis Fitness (Gym) reicht. All das bekommt man zu einem vergleichsweise erschwinglichen Preis!

206 [B4] **The Mood Luxury Rooms** €€-€€€, 31 O. Katoúni, Tel. 2310555088, https://themoodthessaloniki.gr. **Großartiger Service vom hilfsbereiten Personal.** Dieses charmante Hotel befindet sich in einem 1928 erbauten Gebäude unweit der lebendigen Platía Emporíou. Auf drei Stockwerken finden sich 15 Zimmer (mit mindestens 20 m² Fläche) und drei Suiten, die allesamt – der Name des Hotels lässt es erahnen – einen Hang zum Luxuriösen haben. Das Mood Luxury Rooms unterscheidet sich von der Konkurrenz durch die herzliche, geradezu freundschaftliche Atmosphäre. Im Erdgeschoss befindet sich eine professionell ausgestattete Weinbar.

Luxuskategorie

207 [D7] **Daios Luxury Living** €€€, 59 Leofóros Níkis, Tel. 2310250200, www.daioshotels.com. **Luxushotel mit Kreuzfahrt-Feeling.** In erster Linie direkt am Meer, einen Steinwurf vom Weißen Turm entfernt, bietet das Daios zahlreiche Zimmer mit Balkon und Meerblick wie sonst kein anderes. Auch in Sachen Service und Komfort kann es mit allen anderen Fünfsternehäusern der Stadt problemlos mithalten. Mit 49 Zimmern und Suiten ist es jedoch das kleinste seiner Kategorie und damit vielleicht auch das individuellste. Zum Daios Luxury Living gehören auch eine eindrucksvolle Bar und ein Gourmet-Restaurant.

208 [C5] **Electra Palace** €€€, 9 Platía Aristotélous, Tel. 2310294040, www.electrahotels.gr. **Das Traditionshaus der Stadt.** Das seit 1962 bestehende Electra Palace auf der Platía Aristotélous ist eines der geschichtsträchtigsten Fünfsternehotels der Stadt. Wem die Preise nicht zu hoch sind, dem ist in einer der 138 im klassischen Stil eingerichteten Zimmer oder Suiten ein besonders exklusiver Aufenthalt garantiert. Das hauseigene Restaurant gilt außerdem als eines der besten der Stadt, die Rooftop-Bar mit Blick über das Meer ist einmalig und auch wer Sport und Erholung sucht, kommt hier nicht zu kurz. Das Hotel verfügt z. B. über einen Indoor- und einen Outdoor-Pool.

067tn-sb

209 [cg] **Makedonia Palace** €€€, 2 Leofóros Megálou Alexándrou, Tel. 2310897197, https://makedoniapalace.com. **Edel und modern.** Dieses luxuriöse Hotel ist baulich vielleicht nicht gerade die schönste Fünfsterneadresse Thessaloníkis, dafür aber definitiv eine der bestausgestatteten und modernsten. Mit 276 äußerst komfortabel gestalteten Zimmern und Suiten, einem wunderschönen Außenpool und seiner Lage direkt an der Neuen Uferpromenade 26 stellt es ein ideales, wenn auch nicht günstiges Refugium für einen Thessaloníki-Besuch dar.

Hostels

210 [H3] **Crossroads** €, 1 O. Athanasíou Diákou, Tel. 2310203700 und 6970382250, http://crossroadsthess.gr. **Perfekt für junge Leute!** Direkt an der Byzantinischen Stadtmauer in Áno Póli steht dieses Zwischending aus Hostel und Jugendherberge mit verschiedenen Zimmer- (von Zweibett bis Sechsbett, davon einige mit Balkon) und Preiskategorien (ab 17 €), Aufenthaltsraum mit TV, Chill-out-Lounge, Waschmaschinen und Trocknern sowie einem netten Garten. Reservierung notwendig!

211 [D1] **Studios Arabas** €, 28 O. Sachtoúri, Tel. 2310288386 und 6944466897, https://arabas.gr. **Günstiger geht's nicht!** In einem typischen Wohnhaus im äußersten Westen der Áno Póli, unweit zahlreicher Tavernen und Bars befindet sich dieses Hostel mit Zwei-, Drei- und Mehrbettzimmern (ab 14 €) – einige davon mit Blick aufs Meer. Es gibt eine Gemeinschaftsküche, einen Grillplatz, Mietfahrräder und häufig Programm am Abend. Ideal für Leute, die Anschluss suchen.

Stilvoll und traditionell: das Electra Palace auf der Platía Aristotélous 1

Verhaltenstipps

Grundsätzlich sollte gesagt werden, dass man auch in Thessaloníki mit bei uns bekannten **freundlich-gepflegten Umgangsformen** sicher nichts verkehrt macht. Wer sich so (gut) verhält, wie er es zu Hause tut, der wird auch hier am Thermaischen Golf keine nennenswerten Probleme haben.

Dennoch: Griechen sind Südländer und das bedeutet, dass vieles einfach **lockerer** gehandhabt wird. Man isst später, nimmt es mit der **Pünktlichkeit** oder diversen **Konventionen** (z. B. Schlangestehen, Vorfahrt o. Ä.) nicht immer so streng, ist **flexibel** und beißt sich nicht an Kleinigkeiten fest, bzw. schaltet einfach gerne einen Gang runter. Sich zu beschweren, wenn mal etwas nicht ganz so präzise und flott wie daheim abläuft, bringt gar nichts und löst nur Unverständnis aus – also immer mit der Ruhe! Außerdem sind die Menschen trotz der oftmals schwierigen Lebensverhältnisse und dem teilweise komplizierten Alltag Fremden gegenüber äußerst **offen und freundlich.** Man interessiert sich für einander und sucht die menschliche Wärme. Seien Sie nicht scheu, nehmen Sie sich Zeit und plaudern Sie mit Ihrem Gegenüber. Hier außerdem einige Besonderheiten:

- **Kleidung:** Beim Besuch von Kirchen sollte man auf ein gepflegtes Erscheinungsbild – lange Hosen bzw. Kleider, die über die Knie reichen, und bedeckte Schultern – achten. Auch im Nachtleben sind die Einheimischen meist gut gekleidet. Beachten Sie, dass Sie sich in einer Großstadt befinden und nicht in einem Badeort. Shorts, Bikinis und nackte Oberkörper gehören ausschließlich an den Strand.

- **Körpersprache:** Viele Gesten werden in Griechenland anders gedeutet als vielleicht in Mitteleuropa. Um etwas zu verneinen, wird häufig nur der Kopf nach hinten geneigt, während eine Kopfneigung zur Seite „ja“ bedeutet. Vermeiden Sie, Ihrem Gesprächspartner die gehobene Handfläche entgegenzustrecken, da dies als Beleidigung verstanden wird. Auch sollte man nicht mit dem Daumen und Zeigefinder einen Kreis bilden und die anderen Finger abspreitzen, denn das bedeutet, dass man sein Gegenüber als A....loch bezeichnet.
- **Wirtschaftspolitik:** Seit der Schuldenkrise 2010 leben viele Einheimische am Rand der Armutsgrenze und kämpfen Tag für Tag damit, finanziell über die Runden zu kommen. Nicht selten wird dafür die von der EU auferlegte Sparpolitik verantwortlich gemacht und noch immer gelten speziell einige deutsche Politikerinnen und Politiker als Sinnbild für diese schlechten Zeiten. Zwar unterscheiden die allermeisten Griechen zwischen Regierungen und Menschen und somit gelten deutsche Touristen nicht per se als Schuldige, doch gerade Reisende aus *Germanía* (Deutschland) sollten sich mit „gutgemeinten Ratschlägen“ zur wirtschaftlichen Situation des Landes zurückhalten.
- **Namensstreit Makedonien vs. Nordmazedonien oder Zweiter Weltkrieg:** Vermeiden sollte man unbedingt jegliche Diskussion über den Namensstreit zwischen Griechenland und Nordmazedonien, denn hierauf reagieren viele Menschen äußerst allergisch. Gerade in Thessaloníki ist man sehr stolz auf das Erbe Alexanders des Großen (s. S. 56) und Zweifel daran, ob dieser Grieche war, können zu teils heftigen Auseinandersetzungen führen. Ähnliches gilt, wenn es um die Gräueltaten der Wehrmacht während des Zweiten Weltkriegs und die daraus resultierenden geforderten Reparationszahlungen geht.

Verkehrsmittel

Öffentlicher Nahverkehr

Thessaloníki verfügt über ein gutes, wenn auch verbesserungsfähiges **Nahverkehrsbusnetz.** Praktisch jeden Ort der Stadt erreicht man mit dem Bus (hier meist *Astikó* genannt) und selten muss man bis zur nächsten Haltestelle mehr als 500 m gehen. Es gibt insgesamt knapp 80 Buslinien, die von der privaten Gesellschaft **OASTH** betrieben werden. Zahlreiche **Buslinien** verbinden so ziemlich alle hier beschriebenen Ziele miteinander, doch muss man in Thessaloníki beim Busfahren etwas Geduld aufbringen, denn häufig sind die Linien überfüllt und bewegen sich nur langsam durch den Stadtverkehr. Das Bus-Netz ist verständlich und übersichtlich gestaltet und viele Sehenswürdigkeiten außerhalb der Innenstadt können ebenfalls problemlos per Bus erreicht werden. Die Buslinien verkehren täglich etwa ab 5 bis 24 Uhr.

Fahrkarten können an Automaten (Menüführung auf Griechisch und Englisch) innerhalb der Busse bzw. vor Fahrtantritt an Kiosken (*períptero* genannt) oder an offiziellen Vorverkaufsstellen gekauft werden und müssen bei Fahrtbeginn im Bus entwertet werden. Es gibt Tickets für Einzelfahrten und solche, die auch das Umsteigen erlauben. Eine Einzelfahrkarte *(monó)* kostet 0,90 €. Daneben gibt es Tickets für 1,10 € (70 Min. gültig) zum zweimaligen *(dío ketakinísis)*, für 1,30 € (90 Min.) zum dreimaligen *(trís metakinísis)* und für 1,80 € (120 Min.) zum viermaligen *(tésseris metakinísis)* Umsteigen. Ermäßigte Fahrkarten gibt es für Kinder, Jugendliche und Senioren. Sie kosten jeweils etwa die Hälfte. Tagestickets *(imerísio isitírio)* sind für 24 Stunden gültig und kosten 3,80 €, Monatstickets kosten 27 €.

› **Infos:** www.oasth.gr

Taxis

Thessaloníki verfügt über **mehrere Taxikooperativen.** Die offiziellen Taxis sind blau und weiß. Die Grundgebühr beträgt in etwa 4 € und für jeden gefahrenen Kilometer sollte man ca. 1,50 € hinzurechnen. Während der Rushhour nehmen auch bereits volle Taxis manchmal zusätzliche Fahrgäste mit – jeder Fahrgast bezahlt in diesem Fall individuell den vollen Preis. Wichtige Telefonnummern von Taxiunternehmen sind:

› **Taxiway:** Tel. 18300 und 2310866866
› **Taxis Mercedes:** Tel. 18180 und 2310525777
› **Taxis Makedonia:** Tel. 18288 und 2310552720
› **Piátsa Taxi:** Tel. 2310214900
› **Taxithess:** Tel. 6972154399
› **Astíki Etairía:** Tel. 2310550500

Für Fahrten zum Flughafen oder für Langstrecken-Services kann man sich an **Taxi Way** (https://taxiway.gr) wenden:

› Tel. 2310866866

Achtung: Metro-Baustelle!

Voraussichtlich im Laufe des Jahres 2024 soll endlich das Metronetz Thessaloníkis eröffnet und dann hoffentlich die verkehrsgeplagte Stadt etwas entlastet werden. Vorerst wird es nur eine ca. 10 km lange Linie mit insgesamt 13 Stationen geben, die im Wesentlichen vom Bahnhof im Westen bis zum Piléa-Depot im Südosten verlaufen wird, also mehr oder weniger unterhalb der Odós Egnatía. Die hier verkehrenden Metro-Bahnen werden fahrerlos sein.

Das Projekt wurde bereits in den 1980er-Jahren begonnen, jedoch wegen Finanzierungsschwierigkeiten vorerst gestoppt. Die derzeitigen Arbeiten begannen 2006, doch da man bei den Tunnelbohrungen im Untergrund häufig auf historische Funde – darunter das einstige Stadtzentrum unter dem Galerius-Bogen 11 – stieß, mussten diese immer wieder eingestellt werden, um den Archäologen die entsprechenden Stellen zugängig zu machen.

069tn-sb

› *Warten auf den nächsten: der Bus ist zurzeit noch das einzige öffentliche Verkehrsmittel in Thessaloníki*

070tn-sb

Wetter und Reisezeit

In Thessaloníki herrscht ein gemäßigt warmes Klima. Selbst im Winter fallen die Temperaturen fast nie unter den Gefrierpunkt. Die **durchschnittliche Tagestemperatur** liegt im Januar bei etwa 9 °C, im April bei etwa 16 °C, im Juli bei über 27 °C und im Oktober bei 20 °C.

Unangenehm sind im Frühjahr und Spätherbst die **Regenfälle,** die zu sintflutartigen Überschwemmungen führen können. Im Juli und August ist die **Hitze** in der Stadt häufig nahezu unerträglich, weshalb viele Menschen aus der Metropole ans Meer „flüchten“, um sich Abkühlung zu verschaffen. Dies hat zwar den Vorteil, dass die Stadt ruhiger ist als sonst, leider haben entsprechend aber auch viele Geschäfte und manche Ausstellungshäuser geschlossen. Die **besten Reisezeiten** sind also zweifelsohne der Frühling (März–Mai) und der Spätsommer und Frühherbst (September/Oktober). Der Winter birgt Überraschungen: Einerseits kann es auch in Thessaloníki vereinzelt Schnee geben, andererseits kann man mit etwas Glück auch schon mal einen Tag mit gefühlten 20 Grad erwischen.

Nicht zuletzt durch sein Wetter macht Thessaloníki meistens gute Laune!

Durchschnitt	Wetter in Thessaloníki											
Maximale Temperatur	9°	12°	14°	20°	25°	29°	32°	32°	28°	22°	16°	11°
Minimale Temperatur	2°	3°	5°	10°	14°	18°	21°	21°	17°	13°	9°	4°
Regentage	6	6	7	7	6	6	4	3	4	6	7	8
Wassertemperatur	12°	12°	13°	14°	18°	22°	24°	25°	23°	20°	16°	14°

ANHANG

071tn-sb

Kleine Sprachhilfe

Die folgende Sprachhilfe entstammt dem Kauderwelsch-Sprachführer **„Griechisch – Wort für Wort“** aus dem Reise Know-How Verlag.

Alphabet

In dieser Tabelle sind die griechischen Buchstaben (jeweils Groß- und Kleinbuchstabe) den Namen und den deutschen Buchstaben gegenübergestellt.

Α α	alpha	a
Β β	wita	v
Γ γ	gamma	g
	vor i und e:	j
Δ δ	delta	d
Ε ε	epsilon	e
Ζ ζ	zita	s
Η η	ita	i
Θ θ	thita	th
Ι ι	jota	i
Κ κ	kapa	k
Λ λ	lambda	l
Μ μ	mi	m
Ν ν	ni	n
Ξ ξ	xi	ks
Ο ο	omikron	o
Π π	pi	p
Ρ ρ	ro	r
Σ σ, ς	sigma	ss
Τ τ	taf	t
Υ υ	ipsilon	i
Φ φ	fi	f
Χ χ	chi	ch
Ψ ψ	psi	ps
Ω ω	omega	o

Buchstabenverbindungen

ΑΙ	*αι*	e	
Αυ	*αυ*	av	vor Selbstlauten und stimmhaften Mitlauten
		af	vor stimmlosen Mitlauten
ΕΙ	*ει*	i	
Ευ	*ευ*	ev	vor Selbstlauten und stimmhaften Mitlauten
		ef	vor stimmlosen Mitlauten
ΟΙ	*οι*	i	
Ου	*ου*	ou	„u“
ΓΓ	*γγ*	ng	kommt nur im Wortinneren vor
ΓΚ	*γκ*	g	am Wortanfang
		ng	im Wortinneren
ΓΧ	*γχ*	ngch	kommt nur im Wortinneren vor
ΜΠ	*μπ*	b	am Wortanfang
		mb	im Wortinneren
ΝΤ	*ντ*	d	am Wortanfang
		nd	im Wortinneren

Lautschrift

Hier sind diejenigen Lautschriftzeichen aufgeführt, deren Aussprache vom Deutschen abweicht.

ch	vor a, o, u „ch“ wie in „Bach“ vor e, i „ch“ wie in „ich“
d	stimmhaftes „th“ wie in engl. „these“
e	kurzes, offenes „e“ wie in „Ecke“
g	vor a, o, u fast wie ein deutsches Zäpfchen-r
j	wie „j“ in „Jäger“
o	kurzes, offenes „o“ wie in „oft“
r	Zungen-r (gerollt)
s	stimmhaftes „s“ wie in „reisen“
ss	stimmloses „s“ wie „ß“ in „reißen“
th	stimmloses „th“ wie in engl. „thing“
v	„w“ wie in „Witwe“

Besonderheiten

Fragen enden nicht mit „?“, sondern mit „;“.

Die wichtigsten Floskeln und Redewendungen

Ναι	Ne	Ja
Οχι	Óchi	Nein
Ευχαριστώ	Efcharistó	Danke
Παρακαλώ	Parakaló	Bitte (Antwort)

+++ Die wichtigsten Wörter mit dem Bonus-Audiotrack des Kauderwelsch-

Ευχαριστώ επίσης.	Efcharistó epíssis.	Danke, gleichfalls.
Αντίο!	Adío!	Auf Wiedersehen!
Γεια σου!	Jássu! (Du)	Hallo, Guten Tag, Tschüss!
Γεια σας!	Jássass! (Sie)	Hallo, Guten Tag, Tschüss!
Καλημέρα.	Kaliméra	Guten Tag.
Χαίρετε!	Chérete!	Auf Wiedersehen!
Καλώς ορίσατε!	Kalós orissate!	Herzlich willkommen!
Τι κάνεις;	Ti kánis;	Wie geht es dir?
Τι κάνετε;	Ti kánete;	Wie geht es Ihnen?
Καλά ευχαριστώ.	Kalá efcharistó.	Danke, gut.
Εντάξει.	Endáksi.	In Ordnung, o. k.
Δεν ξέρω.	Then kséro.	Ich weiß nicht.
Καλή όρεξη!	Kalí óreksi!	Guten Appetit!
Γεια μας!	Jámass!	Zum Wohl!/ Prost!
Συγγνώμη!	Ssignómi!	Entschuldigung!
Λυπάμαι πολύ.	Lipáme polí.	Es tut mir sehr leid.

Die wichtigsten Fragewörter

τι;	ti;	was?, wie?
ποιος/ ποια/πιο;	pios/ pia/pio;	welche(s, -r)?
Ποιος είναι αυτός;	Pios íne aftós;	Wer ist das?
ποιανού;	pianoú;	wessen?
πού;	poú;	wo?/wohin?
γιατί;	jatí;	warum?
πόσο;	pósso;	wie viel?
πόσο μακριά;	póso makriá;	wie weit?
πότε;	póte;	wann?

Die wichtigsten Richtungsangaben

αριστερά	aristerá	(nach) links
δεξιά	deksiá	(nach) rechts
κατ'ευθείαν	katefthían	geradeaus
πίσω	písso	zurück
απέναντι	apénandi	gegenüber
δίπλα	dípla	nebenan
μακριά	makriá	weit
κοντά	kondá	nah
εδώ	edó	hier
εκεί	ekí	dort
διασταύρωση	diastávrossi	Kreuzung
έξω από την πόλη	ékso apó tin póli	außerhalb der Stadt
στο κέντρο	sto kéndro	im Zentrum

Die wichtigsten Zeitangaben

προχθές	prochthés	vorgestern
χθες	chthes	gestern
σήμερα	ssímera	heute
αύριο	ávrio	morgen
μεθαύριο	methávrio	übermorgen
το πρωί	to proí	morgens
το μεσημέρι	to messiméri	mittags
το βράδυ	to vrádi	abends
απόψε	apópse	heute Abend
καθημερινά	kathiminá	täglich

Wochentage

Montag	*Δευτέρα*	Deftéra
Dienstag	*Τρίτη*	Tríti
Mittwoch	*Τετάρτη*	Tetárti
Donnerstag	*Πέμπτη*	Pémpti
Freitag	*Παρασκευή*	Paraskeví
Samstag	*Σάββατο*	Sávvato
Sonntag	*Κυριακή*	Kiriakí

Die wichtigsten Fragen und Bitten

Υπάρχει ...;	Ipárchi ...;	Gibt es ... ?
Έχετε ...;	Échete ...;	Haben Sie ... ?
Ψάχνω ...	Psáchno ...	Ich suche ...
Χρειάζομαι ...	Chriásome ...	Ich brauche ...

Δώστε μου, παρακαλώ ...	Dóste mou, parakaló ...	Geben Sie mir bitte ...
Θα ήθελα ...	Tha íthela ...	Ich hätte gerne ...
Πόσο κάνει ...;	Pósso káni ...;	Wie viel kostet ... ?
Θέλω να πάω ...	Thélo na páo ...	Ich möchte nach ... gehen.
Πηγαίνετε με ... παρακαλώ	Pijénete me ... parakaló	Bringen Sie mich/mir bitte ... (zu.../nach ...)
Θέλω να τηλεφωνήσω.	Thélo na tilefonó	Ich möchte telefonieren.
Βοηθήστε με παρακαλώ!	Voïthíste me parakaló!	Helfen Sie mir bitte!

Im Restaurant

Wasser	*νερό*	neró
Wein	*κρασί*	krasí
Bier	*μπύρα*	bíra
Limonade	*λεμονάδα*	lemonáda
Flasche	*μπουκάλι*	boukáli
Glas	*ποτήρι*	potíri
Brot	*ψωμί*	psomí
Salat	*σαλάτα*	saláta
Suppe	*σούπα*	soúpa
Fleisch	*κρέας*	kréas
Fisch	*ψάρι*	psári
Kartoffeln	*πατάτες*	patátes
Gemüse	*λαχανικά*	lachaniká
Käse	*τυρί*	tirí
Oliven	*ελιές*	eliés
Tomaten	*ντομάτες*	domátes
Auberginen	*μελιτζάνες*	melitzánes
Zucchini	*κολοκυθάκια*	kolokithákia
Die Rechnung bitte.	*Το λογαριασμό παρακαλώ.*	To logariasmó parakaló.

Nicht verstanden? – Weiterlernen!

Μιλάω μόνο λίγο ελληνικά.	Miláo móno lígo Elliniká.	Ich spreche nur ein bisschen Griechisch.
Μιλάει κανείς αγγλικά;	Miláe kanís angliká;	Spricht hier jemand Englisch?
Πώς λέγεται στα... ; *Ελληνικά* *Γερμανικά*	Pos léjete sta ... ; Elliniká Jermaniká	Wie heißt das auf ... ? Griechisch Deutsch
Δεν κατάλαβα τίποτα.	Den katálava típota.	Ich habe nichts verstanden.
Ορίστε;	Oríste;	Wie bitte?
Να μιλάτε αργά!	Na miláte argá!	Sprechen Sie langsam!

REISE KNOW-HOW
@ReiseKnowHow
@reiseknowhowverlag
@Reise_KnowHow
auf www.reise-know-how.de
für den Newsletter anmelden
Zugspitze, Foto: Aneta Niemitz
Wohnmobil-Tourguide | Kauderwelsch | Landkarten | Soul Places

Register

Impressum

Daniel Krasa

CityTrip Thessaloníki

2., neu bearbeitete und aktualisierte Auflage 2024

ISBN 978-3-8317-3826-7

Printed in Germany

Druck und Bindung: mediaprint solutions GmbH, Paderborn

Herausgeber: Klaus Werner
Layout: amundo media GmbH (Umschlag, Inhalt), Peter Rump (Umschlag)
Lektorat: amundo media GmbH
Karten: Ingenieurbüro K. Wendler, amundo media GmbH
Anzeigenvertrieb: KV Kommunalverlag GmbH & Co. KG, Alte Landstraße 23, 85521 Ottobrunn, Tel. 089 928096-0, info@kommunal-verlag.de
Kontakt: Osnabrücker Str. 79, 33649 Bielefeld, info@reise-know-how.de

Alle Angaben in diesem Buch sind gewissenhaft geprüft. Preise, Öffnungszeiten usw. können sich jedoch schnell ändern. Für eventuelle Fehler übernehmen Verlag wie Autor keine Haftung.

Bildnachweis

Umschlagvorderseite: ©Viktor Posnov, stock.adobe.com | Umschlagrückseite: ©anastasios71, stock.adobe.com | Umschlagklappe rechts: Daniel Krasa

Soweit ihre Namen nicht vollständig am Bild vermerkt sind, stehen die Kürzel an den Abbildungen für die folgenden Fotografen, Firmen und Einrichtungen. Daniel Krasa: dk | Sunita Benzing: sb | Colors Central: cc

Liste der Karteneinträge

075tn-sb

Was kann es Schöneres geben als einen Sonnenuntergang am Meer?

Hier nicht aufgeführte Nummern liegen außerhalb der abgebildeten Karten. Ihre Lage kann aber wie die von allen Ortsmarken im Buch mithilfe der Web-App angezeigt werden (s. rechts).

Thessaloníki mit PC, Smartphone & Co.

QR-Code auf dem Umschlag scannen oder **www.reise-know-how.de/citytrip/thessaloniki24** eingeben und die **kostenlose Web-App** aufrufen (Internetverbindung zur Nutzung nötig)!

★**Anzeige der Lage und Satellitenansicht aller** beschriebenen Sehenswürdigkeiten und weiteren Orte
★**Routenführung** vom aktuellen Standort zum gewünschten Ziel
★**Exakter Verlauf** der empfohlenen Stadtspaziergänge
★**Audiotrainer** der wichtigsten Wörter und Redewendungen
★**Updates** nach Redaktionsschluss

GPS-Daten zum Download

Die GPS-Daten aller Ortsmarken und Spaziergänge stehen auf der Produktseite des Titels auf www.reise-know-how.de zum Download zur Verfügung.

Stadtplan für mobile Geräte

Um den Stadtplan auf Smartphones und Tablets zu nutzen, empfehlen wir die App „Avenza Maps“ der Firma Avenza™. Über die Funktion „Store“ kann die „Citymap Thessaloniki 2024“ kostenlos geladen werden.

Thessaloníki, Stadtgebiet

1 cm = 300 m — 500 m

☐ Liste der Karteneinträge Seite 140